邪気を落として
幸運になる
ランドリー風水

開運アドバイザー
北野貴子

Laundry Feng Shui

青春出版社

はじめに

環境を変えれば、自分も変わっていける!

〝風水〟といえば、どんなことを思い浮かべますか?

「占いの一種?」「ラッキーな方角にあわせて、ラッキーカラーのアイテムを飾るんだよね?」「でも、ほんとうに効果あるのかな?」……などなど、いろんな声が聞こえてきそうです。

風水とは「環境開運学」とも呼ばれていて、簡単に言うと**「身のまわりの環境を変えることで、運気を上げ、自分の内面や未来を変えていこう」**という考え方です。

中国生まれの学問で、なんと2000年以上も前から受け継がれている、伝統ある学問なんですよ。

その土台にあるのは「私たちの運命は、大地や太陽、風、水といった大自然(=環境)の影響を受けている」という考え方です。

科学技術がこんなに発達した現代でも、理屈では説明のできない「運」「不運」があります。そんなときに肝心なのは「自分はいつもツイてない」とか「こういう運命だから仕方ない」などと、あきらめないこと。

自分を取り巻く環境を変えれば、
最悪のトラブルは避けられて、幸せを呼び込める！
さらには、未来も変えられる！

そんなふうに、とてもポジティブにとらえるのが、風水における考え方なのです。

たとえば、日当たりのよくない部屋に住んでいたとします。

家具の配置や、カーテンの色や素材を変えたら、前より日ざしが入るようになり、部屋が明るくなりました。

すると……日ざしで部屋が暖かくなる→体がぽかぽかと温まる→体調が良くなる→気分も上向きになる……というように、上昇のスパイラルができあがります。

そうなったら、こっちのもの。人づきあいが円滑になる、仕事の能率がアップしていく……といったラッキーな展開が期待できます。

風水とは「色」や「アイテム」にこだわるのはもちろんですが、このように自分自身の行動や内面を変えていくことこそ、本当の目的なんです。

「女子の幸せレベル底上げ計画」が私の使命！

私は前職で風水を学ぶ機会があり、今はそのキャリアを生かしながら、婚活サポートのお仕事をしています。

良縁を望まれる方々へ、最初にお話しするのは、

「まず、身近な環境である〝自分の部屋〟をきれいにしてください」

ということ。ただ、「部屋なんて、掃除しなくてもそれなりに暮らしていける」という人もいらっしゃるようで、なかなか難しいという声も聞きます。

そんな方におすすめしたいのが、**「掃除風水」よりも、さらに簡単な「ランドリー風水」**です。

風水では、清潔な服は〝幸せを呼ぶアイテム〟であり、汚れやにおいのついた服には〝厄〟がついている可能性がある、とされています。

毎日の洗濯で、服の汚れと穢《けが》れを落としてキレイを保つことで、開運していく……というのが、ランドリー風水の考え方です。

ランドリー風水は、こんな人に向いています♪

★パワスポが好き⬇おうちをパワースポットに！

開運のために神社や仏閣を訪れる人は多いですね。でも実は、わざわざ遠方に行かなくてもパワスポ巡りと同じような効果が得られるんです！　洗えば洗うほど、服も部屋も浄化され、良い気で満ちて、大地のエネルギーを受け取ることができます。

★「風水」ってむずかしそう⬇ランドリー風水は、究極の〝ゆる風水〟！

風水には「間取り」や「家具の配置」など、いろいろな決まりごとがありますが、本書では、そういった難しい話はひとまず置いておきます。「洗って干して、たたんでしまう」という、ごく普通の家事が、そのまま開運につながるんです。

★毎日のお洗濯がめんどくさい！⬇だからこそ〝プチ開運行事〟にしちゃおう！

服の穢《けが》れ・汚れを浄化する洗濯は、自分や家族に良いことが舞い込みはじめる〝幸せの土台作り〟といえます。「つまらない家事の一つ」……という意識をたった1ミリだけ変えてみれば、1年後には大きな変化が訪れています！

幸せをつかむには、まず、はじめの一歩から

じつは「洗濯」って、いちばん身近な家事なんです。「掃除」はしなくてもそれなりに暮らせるし、「料理」は外食やテイクアウトでも間に合わせられる。

でも「洗濯」だけは毎日、もしくは、せめて週1回だけでもしなければ生活していけないはず。それなら、そのお洗濯をめんどうと思わずに、幸運を呼び込むための〝プチ開運行事〟にしてみませんか？

「洗えば洗うほど、悪運が落とせて、幸運がやってくる！」

そう思うと、洗濯機を回すのがどんどん楽しくなっていきます。

そして、この本を手に取ってくださった方の幸せレベルが、ちょっとずつでも底上げされたら、こんなにうれしいことはありません。

北野貴子

あなたの洗濯習慣をチェック！

ふだんの洗濯習慣を振り返ってみたことはありますか？　洗濯機を回すタイミングひとつ取っても「毎朝」「毎晩」「週末にまとめて」など、人それぞれだと思います。まずは日頃の習慣をチェックしてみましょう。

A　洗濯機まわり編

- □脱いだ服や汚れものは、洗濯かごでなく、洗濯槽に直接入れている
- □洗濯機を使わないときはフタを閉じている
- □洗濯槽そのものを洗浄したことがない（または、最後にしたのがいつだったか覚えていない）
- □洗濯槽のゴムパッキンを掃除したことがない（または、最後にしたのがいつだったか覚えていない）
- □洗濯機置き場の防水パンを掃除したことがない（または、最後にしたのがいつだったか覚えていない）
- □洗濯機置き場のまわりが、雑然としている

B　洗い方編

□脱いだ衣類を、床に置きっぱなしにすることがある

□汚れた衣類をすぐに洗わず、しばらくためてから洗濯することが多い

□風呂の残り湯を使って洗濯している

□衣類などにシミがついても、目立たなければ処理せずに放っておくことが多い

□夕方〜深夜に洗濯することが多い

□洗い終えた衣類から、いやな臭いがすることが多い

□シーツや枕カバーを洗う頻度は、週1回程度か、それより少ない

C　干し方編

□部屋干しするときの場所は、明るくない(日当たりが悪い)

□洗濯が済んでから干すまでに、時間があくことが多い

□洗濯ジワができても気にせず、伸ばさずに干すことが多い

□物干しスペースが狭く、洗濯物どうしがくっついた状態で干すことがある

□洗濯物を干す順番や、並べ方などは特に意識していない

□劣化した角ハンガーやピンチをそのまま使っている

□布団を干す頻度は年に数回か、それより少ない

D　たたみ方・しまい方編

□洗濯物を夕方遅く～深夜に取り込むので、湿気がついてしまうことが多い

□取り込んだ衣類をたたまない（使うときになって、積み上げた場所からつまみ出す）ことが多い

□シワがついていても、目立たなければ気にならない

□着たい服が収納場所（タンスやクローゼット）からすぐに見つからないことが多い

□収納場所が足りず、服がぎゅうぎゅう詰めになっている

□しまい込んだまま数年着ていない服がある

□椅子の背などに、脱いだ上着をかけっぱなしにしがち

E　庭・ベランダ編

□庭やベランダが、物置き（またはゴミ置き場）と化している

□鉢植えが枯れても置きっぱなしにする

□落ち葉がたまっても気にならない

□網戸の目が汚れて詰まっている

□サッシのレールに泥汚れがたまっている

□カーテンレールを掃除するのは、年末だけ

□部屋のカーテンを洗ったことがない（または、最後にしたのがいつだったか覚えていない）

結果はいかがでしたか？

A	洗濯機まわり編	(　)個
B	洗い方編	(　)個
C	干し方編	(　)個
D	たたみ方・しまい方編	(　)個
E	庭・ベランダ編	(　)個
合計		(　)個

当てはまる数が多い人ほど、
洗濯習慣を見直す必要あり。
ですが、逆にいえば、
ちょっと習慣を変えるだけで
浄化・開運効果が「すぐに」
「わかりやすく」出る人といえます。

さあ、できるところから始めてみましょう！
「幸運」は「手に入れたい！」と
願って動いた人だけにやってくるものですから♪

太陽と風のパワーをいただく！

理想の1日の過ごし方

午前5時～7時（卯《う》の刻）＝目覚めたら「気」の入れ替え

太陽がのぼる東の方角には《出世運》《上昇・発展運》《健康運》が満ちています。日の出とともに起きるのが理想です

- 窓を開けて、良い運気を取り入れる
- 洗顔や朝シャワーで、体を清める
- 下着を清潔なものに着替える

午前7時～11時（辰《たつ》・巳《み》の刻）＝絶好のお洗濯タイム！

太陽が東南のほうに動く時間帯は《対人運》を支配します。打ち合わせや人脈作り、大切な人と会うのにも良いでしょう

- 頭も体もフル回転。作業がサクサク片づく
- この時間帯に干すと、太陽パワーをぐんぐん吸収

・晴れた日にはぜひ布団を干したい

午前11時〜午後5時（午《うま》・未《ひつじ》・申《さる》の刻）＝自分磨きタイム

南の気に満ちていて、自分を高めるのに最適な時間帯です

・判断力が高まるので考えごとや決断に向いている
・美容や習い事で自分を高めるのもGOOD◎
・洗濯物は午後3時までに取り込むのが理想

午後5時～7時（酉《とり》の刻）＝食と文化をたしなむタイム

暮れていく西の光は、人生の豊かさや喜び、実りを表します

- 家族や友人と、ゆったり食事を
- 観劇やコンサートに出かけるのも吉
- できれば家事はしないこと

午後7時～9時（戌《いぬ》の刻）＝できればゆっくりタイム

夕食後は、自分を取り戻す時間。好きなことをしてくつろぎましょう

- 音楽、読書、家族団らん…好きなことをしよう
- ゆっくりお風呂に入る
- 明日の予定を確認して、準備をする

午後9時〜11時（亥《い》の刻）＝明日への準備時間

今日一日に感謝し、布団に入ります。清潔な下着と寝具で眠りましょう

- ストレッチやアロマテラピーで気分をしずめる
- できればパジャマと枕カバーは毎日交換
- 明日の楽しみを思い浮かべておやすみなさい

午後11時〜翌朝5時（子《ね》・丑《うし》・寅《とら》の刻）＝できれば何もしない！

草木も眠り、シンと静まり返る時間帯。明け方には新しい気に切り替わります

- ぐっすり眠って新しい運気を吸収
- 枕は北向きだと気の流れがスムーズに
- この時間帯の洗濯はなるべく避けたい

目次

アイテム別・洗い方ヒント集 60

Step 2 干す ——さっぱり洗ったら、次は太陽と風の出番！

Step 3

たたむ ——たっぷり吸収した「良い気」を保つために

Step 4

しまう ——ゆったり8割収納で気の巡りがどんどん上昇

Takako's column

本文デザイン＆ＤＴＰ／山内宏一郎（サイワイデザイン）
本文イラストレーション／ｍａｃｃｏ
編集協力／乾　夕美

Prologue

おうちをパワスポに！

ランドリー風水で運気が上がるワケ

気の出入り口を掃除して、風水パワーをキャッチ！

まずは理想的なベランダ作りから

風水とは、自分の身のまわりをきちんと整えることで「自分が求めている運気」を上げていくという考え方で「環境開運学」とも呼ばれています。

開運のために玄関掃除を心がけている人は多いかもしれませんね。そんな玄関の次に注目したいのが、ベランダや庭です。なぜなら「運」は主に玄関から出入りしますが、「気」は部屋の扉や窓からも出入りするといわれているから。

ベランダや庭をきれいにすると、気の通り道を浄化できます。美しいベランダからは良い気がたっぷりと入り、部屋に宿ります。反対に、汚れがたまってゴミが置きっぱなしだと、気がよどんで停滞してしまうのです。気の巡りの良い家には、良い運が運ばれてきます。さあ、さっそく理想のベランダ作りを始めましょう！

重要な気の出入り口

気はいつも滞りなく巡っているのが理想です。手入れが行き届いていれば運気アップ

床も忘れず掃き清めて

吹きさらしのベランダは、チリや砂ぼこりが意外にたまっているもの。まめにほうきで掃き、排水溝の泥汚れもチェックして

植物などを育てるのも吉

花や観葉植物は、悪い気を吸ってくれます。開運カラーの花を選ぶと、さらに効果が期待できます

ところで、風水の「気」ってどういうもの？

すべてのモノには「気」のパワーがある

日本では昔から、八百万《やおよろず》の神様がいると信じられてきました。道端の石ころ、草花や木、風、雷や雨、山や川など、あらゆるものに神様がいて、四季や自然にあわせた暮らしを静かに見守ってくれていると考えられてきたのです。

「気」も同じです。この世にあるすべてのものは、エネルギーをもっていると考えられてきました。私たちは「良い気」に包まれると、健やかで幸せな暮らしを送ることができますが、「悪い気（邪気）」は、病気や災いを招いてしまいます。

日本語には「気」のつく言葉がたくさんありますね。「元気」「勇気」「本気」「病気」「陽気」「陰気」「負けん気」「平気」「英気」「気遣い」「気の毒」など……。このことからも、日本人が昔から、目に見えない「気」のエネルギーをいかに大切にしてきたかがわかります。

良い「運」と「気」はどこからやってくる？

家の顔ともいえる玄関は、「運」の入り口。《金運》も《恋愛運》も《仕事運》も、あらゆる運は主に玄関から出入りしますので、その家の運を決めるいちばん大切な場所といえます。

一方、「気」のエネルギーは玄関以外の窓やベランダからも出入りします。幸運を呼び込むコツは、良いエネルギーで部屋をいっぱいにすることです。

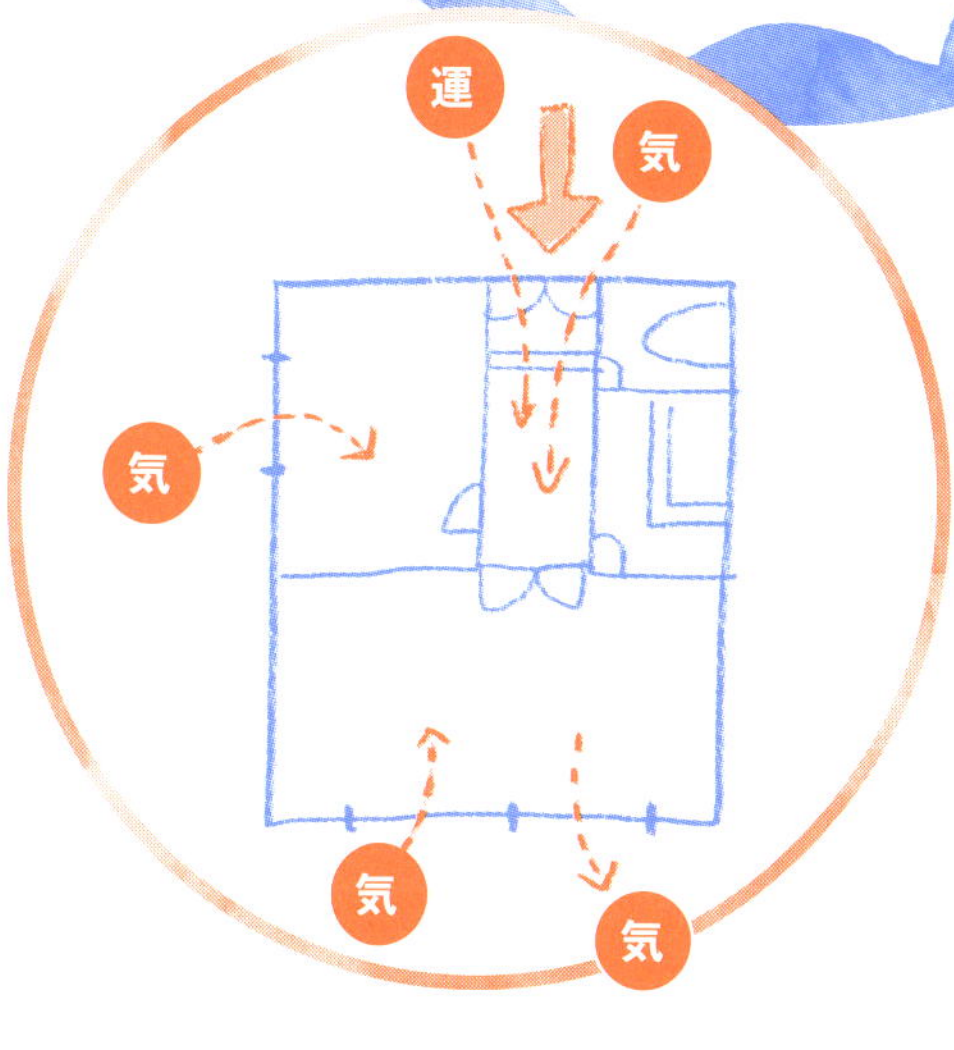

良い気を保つには、どうしたらいい？

部屋に良い気をためて邪気を追い出すには、気の通り道をきれいにすること。そして流れを良くしておくこと。必要なのは「掃除」と「換気」です。開運パワーの強い朝の時間帯（P12参照）に、窓をパーッと開け放し、部屋の空気を入れ替えましょう。ついでに窓まわりの汚れをサッと拭き取れば運気上昇！

部屋を守る「盛り塩」の効果

お葬式後の「お清め」にみられるように、塩には昔から浄化の力があると信じられてきました。邪気を吸い取る天然塩を器に盛り、部屋の四隅に置きましょう。邪気をよせつけない空間（結界）ができ、良い気が部屋にあふれます。

盛り塩は1週間～1か月で取り換えます。古い塩には邪気がついているので、食事や入浴には使わず、トイレや排水口など、水に流して浄化に役立てましょう

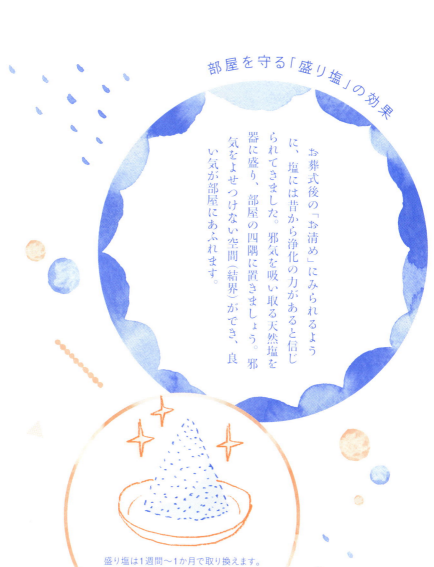

ランドリー風水で運気が上がるわけ

洗うだけ、干すだけで、ぐんぐん上昇！

毎日身に着ける衣類は、自分にいちばん近い「環境」であり「運気」にまつわるアイテムです。着た服をきれいに洗うだけで、手軽に運気を上げられるのです。

服は汚れや悪臭などの悪い気を直接肌に触れさせないようにしながら、悪い気を吸収して私たちを守っています。脱いだ服には、汚れのほか、目に見えない悪い気もたっぷりついているのです。汚れた服はきれいに洗って浄化します。

洗濯物を干すことでも、開運パワーは上がります。ベランダや庭に出るとき、窓を開けますよね。それだけで部屋の空気が入れかわり、気の流れが良くなります。物干し竿に向けて顔を上げれば、さんさんとふりそそぐお日さまの光を浴びて、自然と気分も上向きに！　洗濯をきっかけに、ほかのことにもやる気が起こっていくのです。

窓を開けると
気の流れが良くなる！

自然と
気分も上向きに！

風水が水まわりを大切にするわけ

洗面所やバスルームなどの水まわりは、体の汚れを落とす場所であるとともに、風水では「悪い運気も洗い流す場所」といわれています。ところが、ちょっと掃除をサボったら、ぬめりやカビ、悪臭などが出やすく、見て見ぬふりをしていると、あっという間に悪い気のたまり場に。汚れを落として清潔さを保つことが、運気アップには欠かせません。

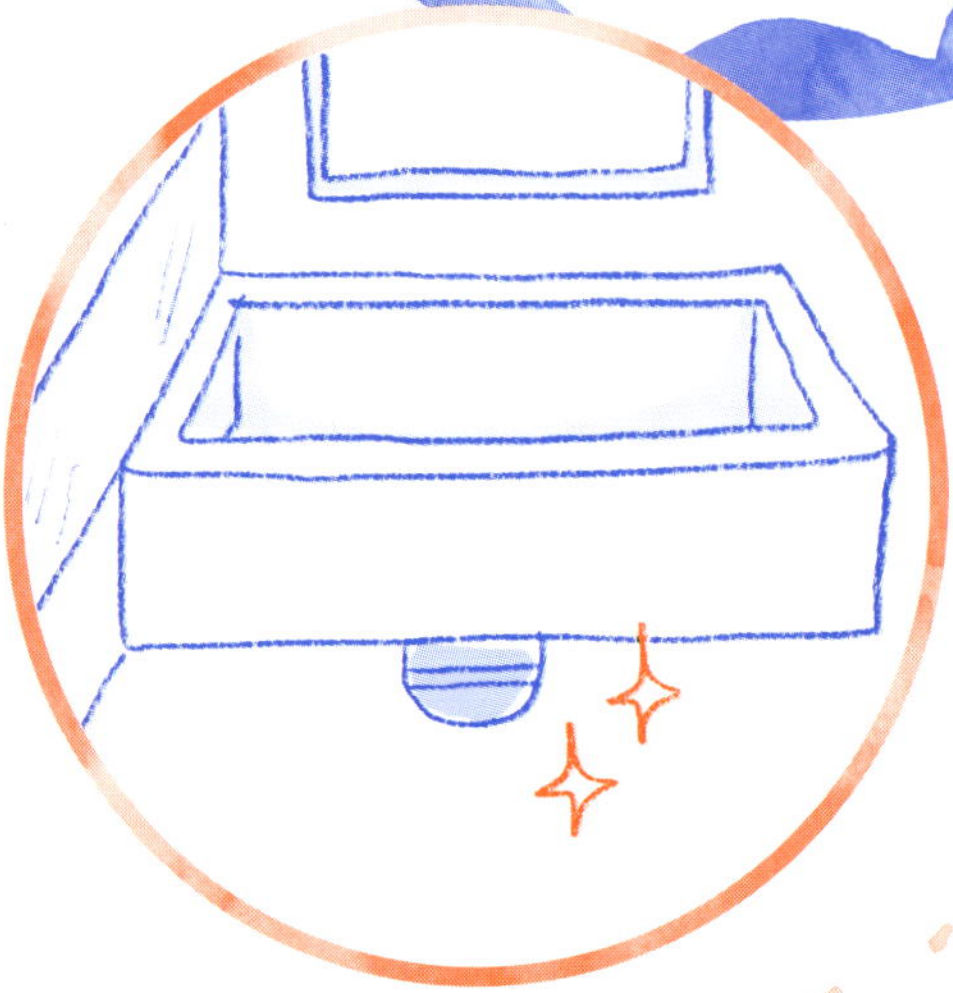

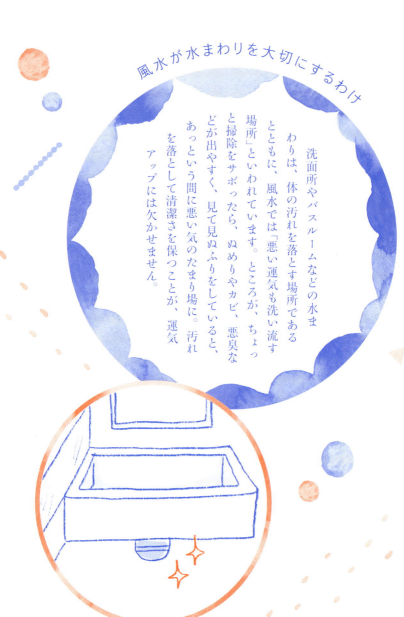

水まわりは《金運》《健康運》《愛情運》を左右する

水まわりが影響するのは、《金運》と、家族の《健康運》、そして《愛情運》です。

風水では湿気（＝水の気）を悪い気と見なして、「水の気が過ぎると、《金運》を流してしまう」と考えます。湿度が高い季節には不調が出やすいことからもわかるように、水の気が滞れば《健康運》も下がりがち。また《愛情運》が停滞し、恋愛関係が進展しないともいわれています。

良い「気」のついた服をまとって幸運体質に!

下着やパジャマ、シーツなどは、汚れやすいうえ、自分から出された厄《やく》も吸収しています。数日間同じものを着ることは、悪い気を直接肌につけているのと同じこと。運気も大きく下がってしまいます。こまめに洗って清潔なものを身に着けることは、良い気を引き寄せること、そして自分を大切にすることにつながります。そうしているうちに幸運体質になっていくのです。

効果が出始めるタイミングは「3」が目安

風水では、身のまわりをきれいにする習慣を続けることで開運していくと考えられています。とはいえ、長年の習慣を変えることは、そう簡単ではありませんね。「三日坊主」「百日詣で」（百日＝約3か月）「石の上にも三年」といわれるように、スタートしてから効果が出始めるまでの期間は、「3」のつく周期が目安になります。まずは3週間を目標に、続けてみませんか？

私はこうして運気を上げました！

成功体験談

「海外で仕事と結婚をする」夢がかなった（30代女性）

結婚願望は強いものの、出会いがまったくなかった私。実家で母と2人暮らしだったので、他人に見られるわけではないし……と、散らかり放題の部屋に脱いだ服を放りっぱなしで暮らしていました。

35歳を目の前にした頃、「身のまわりを整えると運が向いてくる」という風水の考え方を知り、半信半疑のまま家事に精を出してみたところ、運命がくるくると回りだしたのです。まず半年後、ニューヨークでの仕事が決まりました。さらに赴任後、営業でびっくりするくらい数字がとれるようになったんです。3年後には社内のトップ社員に選ばれるまでになりました。その表彰パーティーで出会ったのが夫です。

偶然が偶然を呼んだともいえますが、「海外で仕事と結婚をする」という夢が現実になりました。

クローゼットを整理したら宝くじ当選（30代女性）

「古い服でパンパンのクローゼットに《金運》はやってこない」というのは本当だと思います。以前、私のクローゼットはバーゲンでやたらと買い込んだものがひしめいていました。ハンガーにかかりきらず、下に散らばっていたものもありましたが、断捨離ブームにのって処分を決行。すると、その年の年末ジャンボで3600円が当たりました。少額ですが、何年も宝くじを買い続けていて一度も当たったことがなかったので、効果が出たと驚きました。

翌年には、勤務先の業績が上がり、ボーナスアップ。さらにそのお金を預けた投資信託で、50万円近くのもうけが出ました。

ずぼら生活を変えたら、夫婦仲が円満に（40代女性）

結婚して10年、小学校に通う子供が1人います。今から5年ほど前、夫の浮気に悩まされていて、パワーストーンやフラワーエッセンスなど、スピリチュアル系のことをいろいろ試しましたが、効果を実感できず……。

ある日、ママ友に「風水では、掃除や洗濯をきちんとしないと幸運はやってこないと言われているんだって」と聞かされ、ハッとしました。私は専業主婦ですが、家事はあまり好きではなく、手を抜いてばかりだったからです。毎日洗濯をして、その日のうちにたたんでしまい、アイロンがけまで完了し、掃除も丁寧にするようにしました。すると数か月後、夫が会社からまっすぐ帰る日が増えたのです。夫婦仲もぐっと良くなりました。断言できます。洗濯と掃除は、開運アクションです！

ぬいぐるみをキレイにしたら、体調がよくなった！（20代女性）

私の場合、《健康運》がアップしたように思います。大学生の頃から頭痛持ちで、なんともいえない疲労感があったのが、最近はうそのように元気です。

きっかけは「ぬいぐるみをたくさん部屋に置くと幸せが逃げる」と聞いたことです。片づけのついでに洗って干したのですが、クッションカバーやカーテンも洗ったところ、部屋全体が明るく見えるほどキレイになりました。汚れでくすんでいたんですね。以来、この気持ちよさをキープしようと、シーツや枕カバーをまめに洗い、布団もちゃんと干すように。すると今度はキッチンや洗面所もキレイにしたくなり、掃除もするようになりました。そうこうしているうちに半年ほど経って気づいたら、頭痛も疲労感もなくなっていました。

ランドリー風水では
この3つを大切にしています

水・光・風のパワーを借りる!

自然のエネルギーをうまく取り入れて、暮らしに役立てる風水の考え方は、洗濯でも同じです。「洗う」ときは清らかな〝水〟を使い、「干して乾かす」には、降り注ぐ太陽の〝光〟とそよそよと吹く〝風〟の力を借りるというもの。

とりわけ注目したいのは、太陽の光です。風水では「地球上のすべてのものは、太陽からパワーをもらって力を発揮している」と考えます。強力なエネルギーを洗濯物にたっぷり取り入れましょう。

外に干せないときは、日の当たる窓辺に吊《つ》るすだけでも運気アップにつながります。太陽が顔を出さない残念な日には、風のパワーでしっかり乾かします。湿り気は悪い気なので、生乾きなんてもってのほか。

それでも乾かなければ、扇風機や乾燥機の助けを借りましょう。

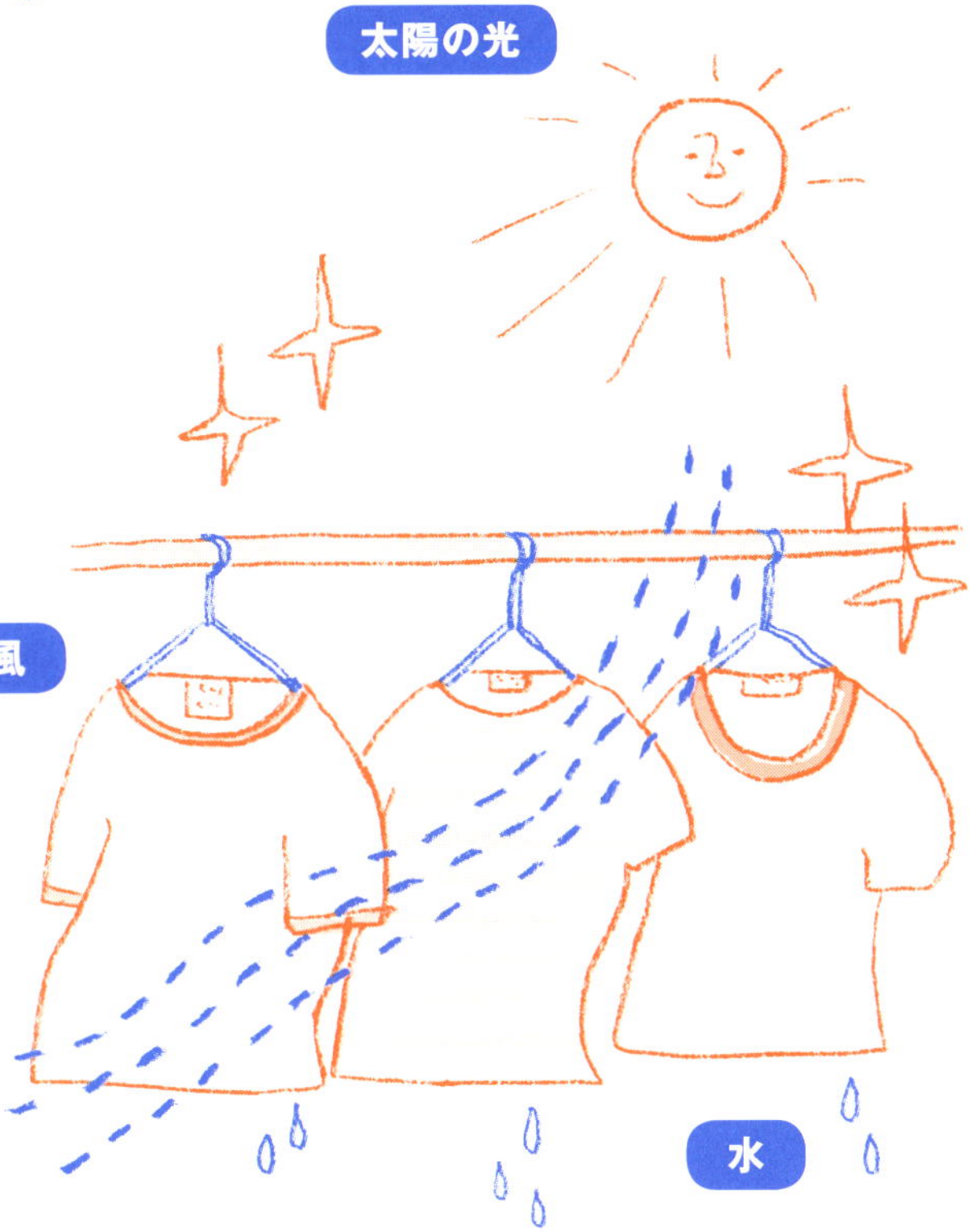
太陽の光
風
水

何はさておき、太陽のパワーです

太陽の恵みを最大限に取り込むなら、朝一番に干すことです。午前中、東南の方角にある太陽は、人とのつながりやコミュニケーションに良い縁をもたらします。正午前後の南の太陽には、ひらめきや判断力を高めるパワーが。寝具やタオル、下着など、肌に直接触れるものには十分に当て、自分にたっぷりと吸収させたいものですね。

夕方の太陽だけには要注意

東からのぼる太陽が発展や上昇を表すのに対して、西の方角に沈む太陽は、穏やかに暮れていくイメージ。風水では、夕方遅くまで干していた衣類には、女性を老けさせるマイナスの力が宿ると考えます。できれば午後3時頃までには衣類を取り込んで。どうしても遅くなるなら南向きの部屋に室内干しをして、良いエネルギーだけを取り入れます。

※もし夜露に濡れたらきちんと乾かしてからクローゼットへ。

風のエネルギーも意識して

「気」のエネルギーが滞って、部屋にこもってしまう。これは風水ではもっとも悪い状態です。洗濯物は「風が通り抜ける」ように干すのがベスト。

強風にあおられて干した衣類がひとまとまりになり、乾かないことがありますね。ハンガー掛けつきの物干し竿や、かけたハンガーを固定するピンチなどの便利グッズを使うのも良い手です。

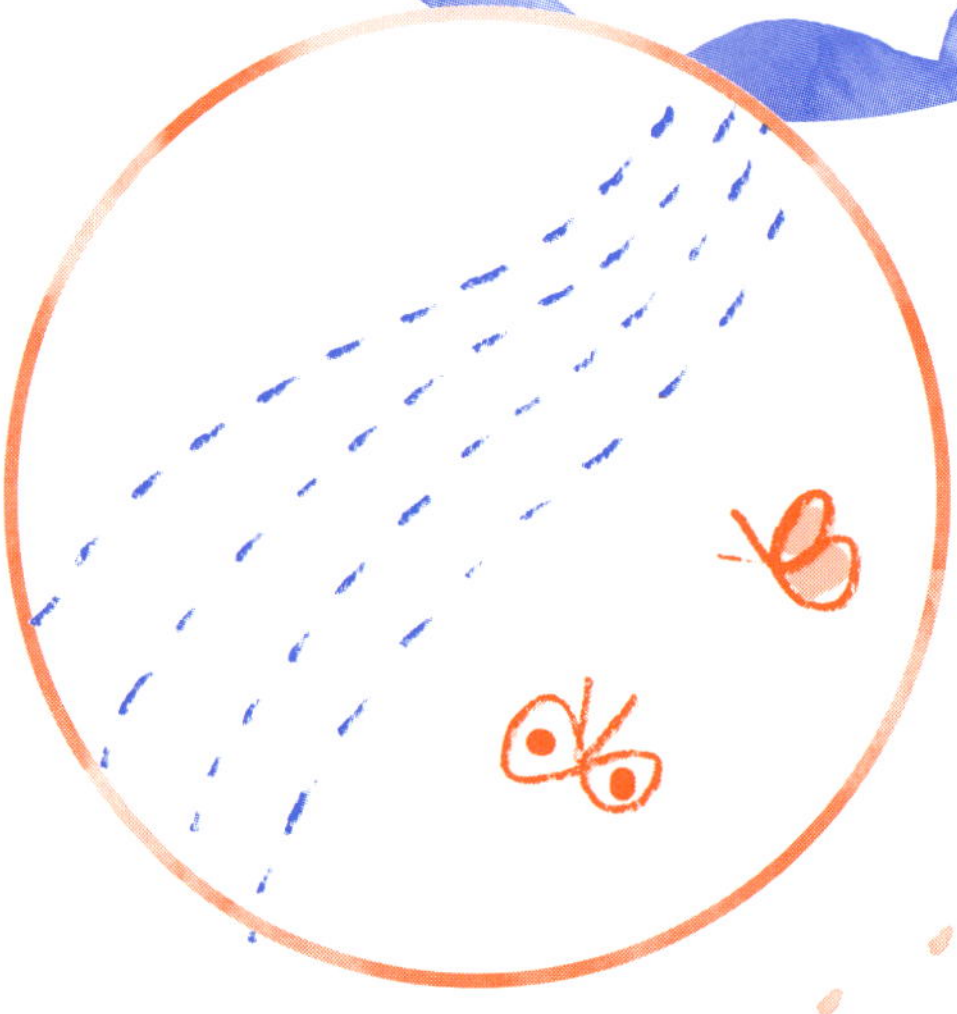

そして、水の流れも見逃せません

水の流れはお金の流れと健康に関係しています。川のようにいつもサラサラと流れているのが理想的。一か所にたまった水は汚れてよどみ、悪運を引き寄せてしまいます。洗濯機の排水パイプや防水パンの排水口の掃除は、行き届いていますか？ ぬめりやカビは、悪い気を生み出す原因です。いつもきれいにふきあげて、パイプクリーナーで定期的に詰まりをとると良いでしょう。

わたしの一日の過ごし方
～お休みの日～

お休みの日も遅くまで寝ていることはありません。午前中の太陽やさわやかな風は、素晴らしい気の流れを運んでくれるゴールデンタイム。もったいなくて、有効活用せずにはいられないんです。朝、目覚めたら、まず下着を脱いで洗濯機に入れ、スイッチをON。シャワーを浴び、すっきりしたら神棚のお供えものを替えます。日ごろはお水しか替えないのですが、休日はお米や塩、お酒も替えます。そして神棚の前で感謝の言葉と自分の夢を声に出して唱え、柏手《かしわで》を打って気持ちを上げます。

その後は、休日恒例の掃除タイム！　家中の窓をすべて開け、換気扇を回しながら掃除機をかけます。玄関とトイレ、洗面所はお掃除シートで拭き掃除。そうこうしていると洗濯が終わるので、すぐさまベランダへ。洗いたての洗濯物を午前中の柔らかな日の光と風にあてると、肌で気持ちがいい！　と実感できます。起きてからわずか1時間足らずで自分の住まいがパワースポット化した瞬間です。

そのあとはお昼寝するなり、本を読むなり、自分の好きなことに目いっぱい時間を使います。

Step 1

洗う

洗濯機がくるくる回るごとに、
すべてがうまく回りだす!

洗濯で、服についた「三大厄」を落とそう

シミ・シワ・悪臭は、トラブルのもと

風水の考えでは、服のシミは「汚点がつくようなできごと」、シワは「ミスや心配事、仕事上のトラブル」を招き、悪臭は「吸い込むと一瞬で体のすみずみまで厄《やく》が回る」とされています。だからこそ、洗濯の効果は絶大！　吉をもたらすといわれる「流れる水」で、汚れと穢《けが》れをきれいさっぱり洗い流し、良い運を引き寄せる下地をつくりましょう。

きれいに洗った清潔な服は、風水では幸せを呼ぶラッキーアイテム。浄化された服を着るのは自分も気持ちが良いですし、丁寧に扱い、きれいな状態を保っていると、服の方からも恩を返してくれて、さらに運気が高まります。「洗えば洗うほど幸運体質になれる！」と思えば、ポジティブに洗濯に励めるというもの。幸せに過ごす自分をイメージしながら洗うことは、プラス効果につながりますよ。

洗濯物をためると悪運もたまる？

服の汚れ＝「邪気」なので、一度着た服を脱ぎっぱなしにしたり、洗わずに放っておいたりすると、その空間に悪い気が広がり、さらなる悪運を呼ぶことにつながります。こまめに洗うのが一番ですが、できないときは厄落とし効果のある紫色かラベンダー色の小物を洗濯物の近くに置いて、よどんだ気を浄化し、その場所の格を上げて。消臭剤やコップなど実用品でもオッケーです。

もしお風呂の残り湯を使うなら

お風呂の残り湯には、湯船につかった人の厄がたっぷりと含まれています。もし残り湯で洗濯するなら、日本酒か塩をひとつまみ入れましょう。日本酒は朝の神社で撒《ま》かれたり、土地を清める地鎮祭に使われたりと、神様とリンクしやすい最高の浄化アイテムです。天然の塩は土俵に撒かれることからもわかるように、ものを清める力が絶大。どちらも小さじ1杯程度で十分効果が出ます。

夜の洗濯は避けるのが吉

風水では、時間帯と方位のパワーが密接な関係にあり、西～北のパワーに支配される日の入り～夜までは、体を休めて本来の自分を取り戻すのに使うべき時間帯といわれています。とりわけ丑の刻（午前1時～3時）は東北の表鬼《き》門《もん》にあたり、人の運が切り替わる大切な時間帯。家事は避けてぐっすり眠り、幸運を吸収しましょう。

※ただし、タイマーで洗濯するのはかまいません

最新の強力洗剤も、ツキを呼ぶ味方に

最新の技術が生かされた洗濯用洗剤は、「三大厄落とし」に役立ちます。目に見えない皮脂汚れやいやな臭いのもとになる雑菌まで、普通に一度洗うだけで落としてくれる商品がたくさん出ています。何かと忙しい毎日、よけいな手間をかけなくてもラクして悪運を追い払えるなら、うれしいですよね。

便利な洗剤を見つけるのも、開運のコツといえそうです。

柔軟剤の香りを使い分けて運気アップ

人が良い香りにひきつけられるように、運気もまた、良い香りを好みます。

ただ、良い香りならどんなものでもOKというわけではありません。《恋愛運》《仕事運》《家庭運》など、それぞれの運気には方位との相性があるので、自分の願いにぴったりの香りを選びましょう。最近は柔軟剤も、よりどりみどり。選ぶのも楽しみになりますね（開運の香りは応用編参照）。

嫌なことがあった日の服は別洗い

トラブルに遭ったときや苦手な人と会ったときに着ていた服には、悪い気がたっぷり含まれています。厄《やく》を移さないために、他の服とは分けて洗うのがベスト。ですが、そうもいかないときは、塩をひとつまみ加えてから洗濯機を回しましょう。

クリーニングに出すなら、軽く塩をふりかけ、厄を取り除いてからお店に持っていくようにします。

「ご縁」を引き寄せるには洗濯槽の掃除を

洗濯槽には落とした厄がたまりがちなので、定期的に専用クリーナーできれいにします。

洗濯機は、水流がくるくる回ることから「円」＝「縁」を引き寄せるといわれ、洗濯槽が汚れたままでは出会い運が大きく下がってしまうのです。外側や防水パンもホコリがたまりやすい場所なので、ときどき汚れを拭き取るように心がけるとなおいいですね。

洗濯機のフタは開けっぱなしがカギ

洗濯機を使わないとき、フタを閉めておくとカビや悪臭の温床になるばかりか、洗濯槽に悪い気を閉じ込めていることになります。これでは、せっかく洗濯しても厄落とし効果が薄れてしまいます。次の洗濯物に悪運をしみこませないためにも、フタを開けて、気の巡りを良くしておきましょう。

わたしの一日の過ごし方
～お仕事の日～

普段の日も、起きたらすぐに下着を脱いで洗濯機をONにしたらシャワーへ。歯を磨きながら玄関のたたきを拭き上げ、トイレがすんだらクイックルワイパーでささっと掃除。準備と朝食が済んだら洗濯物を干して、出勤。それが毎日のルーチンになっています。

家事も習慣にしてしまえばそれほどストレスにもなりません。何より、がんばりすぎないこと。「掃除や洗濯で幸せになれるの？」と思うより、「どうせやることなら、幸せになれると信じて、楽しんでしまおう！」。これが私には合っているようです。

何時間もかけて家事をやるのではなく、お休みの日の1時間だけ！　と思えば、とても楽な気持ちで続けられますよ。

アイテム別・洗い方ヒント集

［シャツやブラウス］襟もとが大事

襟《えり》もとの汚れや黄ばみは《仕事運》を落とします。「襟を正す」「寝首《ねくび》をかく」「首が回らない」といった表現が多くあることからもわかる通り「首のまわりをキレイに保つことは、すなわち仕事の成果や実績に良い影響を与える」と考えられます。襟もとの汚れは落としにくいので、部分用洗剤やガンコな汚れ用の石けんを使ってプレケアを。あとは普通に洗濯機を回すだけです。

［靴下］裏返して洗うと《金運》アップ

昔からお金のことを「おあし」と呼ぶことから、足元をきれいにすることは《金運》アップにつながります。また、「足元を見られる」という言い回しがあるように、運気も足元を見て変化します。そもそも足は汗をかきやすく、靴の中で蒸れたり雑菌が繁殖したりして、汚れがたまりやすいところ。足の裏に直接触れている靴下の内側を表に返して、汚れをしっかりと落としましょう。

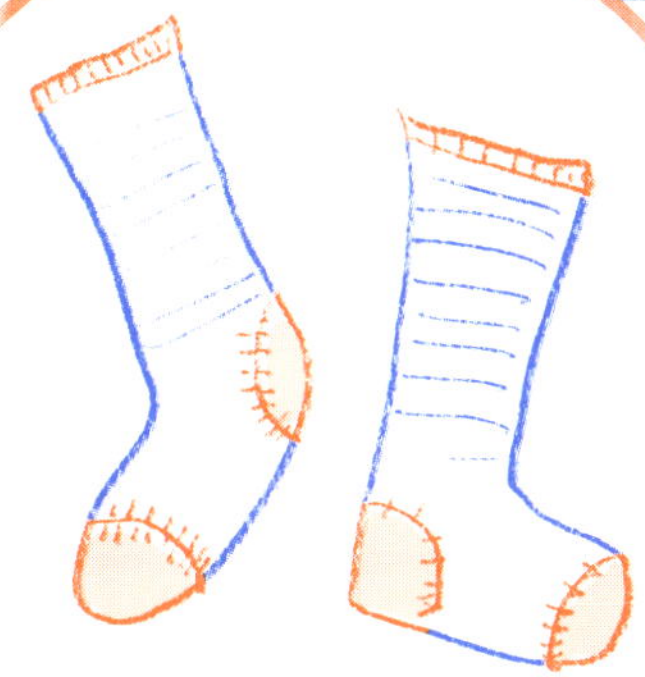

［下着］就寝中の下着は、起きたらすぐ洗う

私たちは深夜、眠っている間にも自分がため込んだ厄《やく》を外に出そうとしています。下着はその穢《けが》れにまみれているといってもよいでしょう。漆黒の闇から薄日のさす夜明けの中間である、丑寅《うしとら》の刻（午前3時）は、日の出を前に運気が入れ替わる時間帯。せっかくの良い運気も、前日の厄をつけたままでは台無しです。目覚めと共に下着を替え、脱いだ下着は朝のうちに洗うのがベスト。

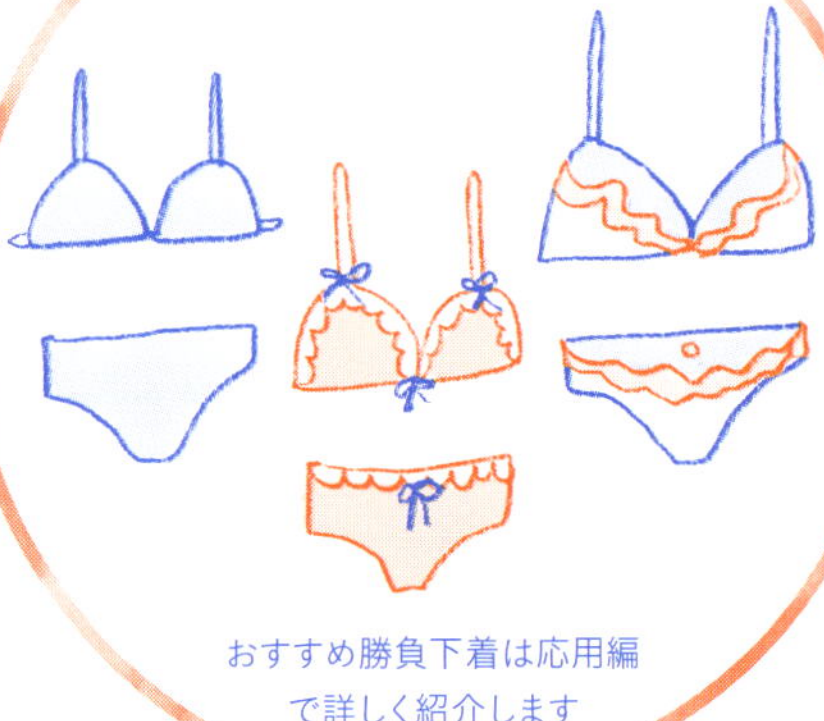

おすすめ勝負下着は応用編で詳しく紹介します

[タオル]まめに交換して邪気を戻さない

お風呂上がりや洗顔後にタオルで拭くのは、風水的には最後の厄落とし。汚れはついていないからと、使用済みのタオルを乾かして使えば、タオルについた悪い気を自分にもう一度戻すことになってしまいます。洗面所のタオルを家族で共有する場合は、厄がたまるペースがさらに速いので、まめに交換して洗うようにします。

［帽子］洗えないなら拭いて厄落とし

汗や皮脂に、日焼け止めやファンデーションなども重なってつき、汚れが気になりますね。麦わら帽子のように洗えないものは、かぶり口の内側にぐるりと縫い付けてある汗止めの布を歯ブラシでこすり、固く絞った布でやさしく拭き取ります。仕上げに消臭スプレーなどで除菌。《全体運》に関わるので、型崩れしないように整えてから風通しの良い場所に平置きして乾かします。

［シーツや枕カバー］眠るだけで幸運体質に

私たちは眠っている間に厄を落として運気を補うため、寝具を清潔に保つことは、悪運を払って良い運気を吸収する体質作りの土台になります。

シーツはできれば週に一度は洗いたいもの。難しいなら、枕カバーを毎日替えましょう。良い気は特に頭から吸収されるので、運気の再生に効果的です。

［カーテン］家族みんなに効果絶大

窓は幸運を引き寄せる場所ですが、汚れたカーテンは、せっかくやってきた幸運を封じてしまいます。特に家族が集うリビングのカーテンには、人数分の負のエネルギーがたまりがちです。面積が大きいだけに、きれいにすれば厄払い効果も絶大。型崩れしないように、たたんで大きいサイズの洗濯ネットに入れ、厄払いの天然塩をひとつまみ入れて丸洗い。そのまま窓に吊《つ》るして乾かします。

[玄関マット]には悪い運気が

玄関マットには、家に入ってくる気を濾過《ろか》して良い運気だけを取り込む、フィルターの役目があります。洗濯しないと目詰まりを起こし、良い運気も取り込めなくなることに。月に一度は洗って、運気の通りを良くしましょう。洗えない素材の場合は、まめに日光に当てると、こもった邪気を払えます。

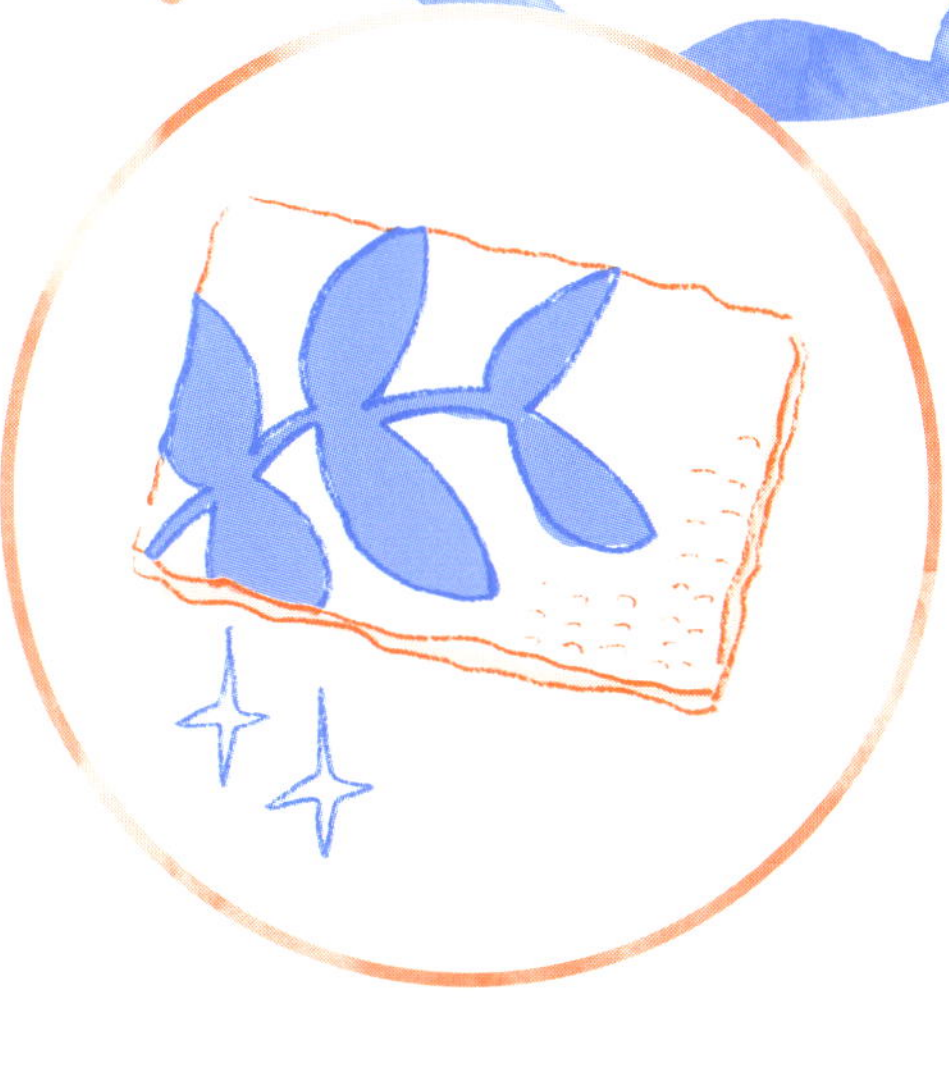

洗えないもの、どうする？［ニット編］

セーターなどウール（毛）素材や「手洗い」表示のものは、洗濯回数が多いと傷みやすいもの。着るたびにジャブジャブ洗うわけにいかないので、風に当てて厄落としを。干すときは風通しの良い場所に吊《つ》るし（P83参照）、吸い込んだ湿気と邪気を払います。衣類用の消臭・除菌スプレーなどをシュッとひと吹きすれば、ニオイ取りもバッチリ。

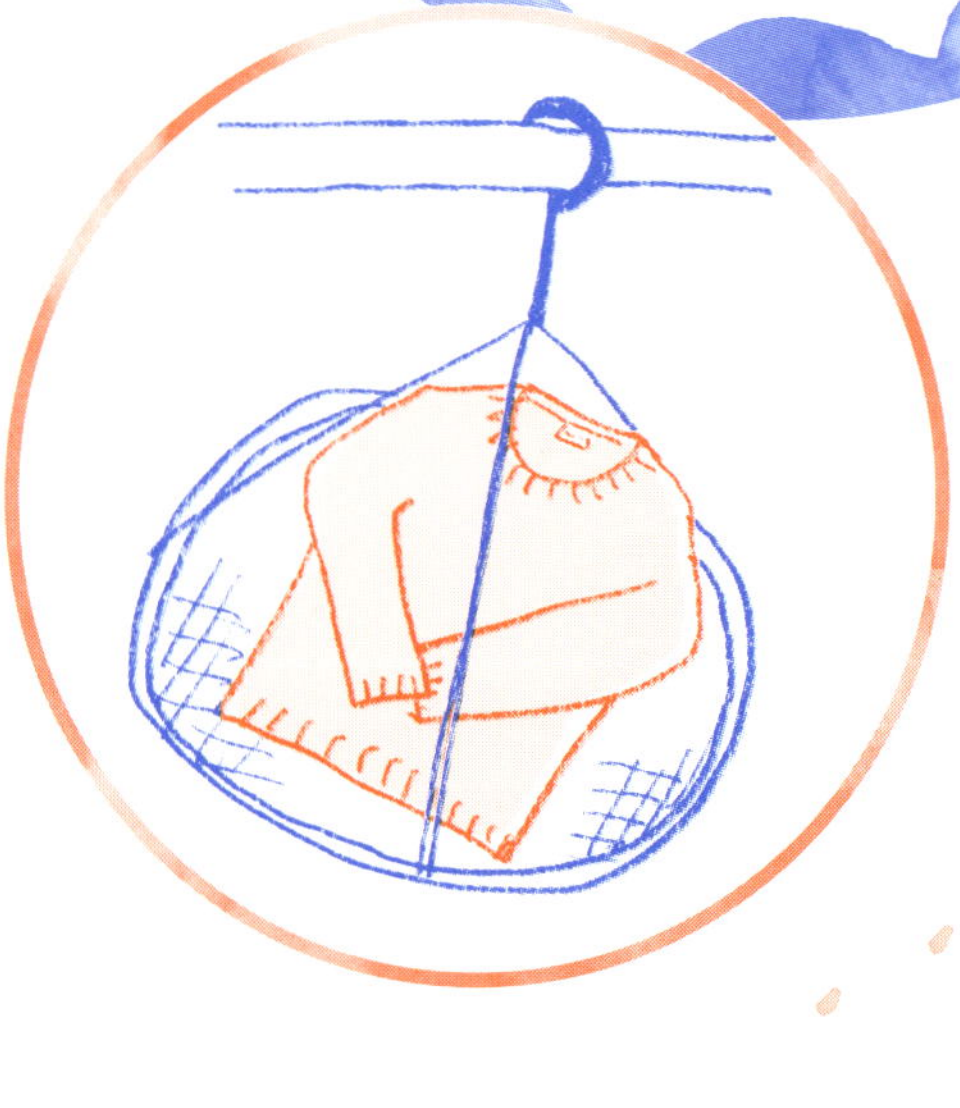

洗えないもの、どうする？［アウター編］

脱いですぐにクローゼットに収納したら、さあ大変。型崩れした服は《全体運》を下げ、ぬれた衣類は悪い気を生み出すといわれているんです。このままでは服についた邪気が、クローゼット中に広がってしまいます。洋服ブラシを使い、表面のホコリとともに悪い気をササッと落としましょう。雨などでぬれた場合は、ハンガーにかけて形を整えてから陰干しを。

無香料洗剤で、
柔軟剤の香りを楽しもう

洗剤もいろんな種類がありますね。「とにかく汚れが落ちる」「白くなる」「抗菌」「除菌」など、その作用はさまざまです。

私はいつも特に決まった洗剤を使っているわけではありません。家事に対する強いこだわりはないんです。

それよりも「これいいかも！」とか「特売だから！」と、そのときどきの気分で楽しんでいます。

ただ、近頃は柔軟剤の進化がすごいので、好きな香りづけをしたいときには、無香料の洗剤を使うようにしています。

お気に入りは、「ファーファ液体洗剤　香りがひきたつ無香料」。柔軟剤を使わなくてもそれなりにふっくら仕上がるし、干した後はお日さまのにおいがする、清潔感あふれる仕上がりです。お子さんや旦那様など、香りが苦手な人がいる場合は特に良いですね。

Step 2

干す

さっぱり洗ったら、
次は太陽と風の出番！

気分も運気もぐ〜んと上がる干し方

昼間に干してこそ、エネルギーを吸収できる

服についた厄《やく》や穢《けが》れを水の力できれいさっぱり落としたら、太陽の光と風の出番。お天気の良い日に洗濯物を干すと、太陽のエネルギーがたっぷりと蓄えられ、気が活性化されます。開運パワーもグングン上がり、着る人にもポジティブなエネルギーをもたらしてくれるでしょう。

そして、洗濯物を干すのは、ぜひとも日中の時間帯に。よどみなく空気の流れる青空の下ではためかせれば、悪運を吹き飛ばし、良い気をはらんで幸運をチャージできます。

型崩れを起こした服や、生乾きのイヤなニオイのついた服は、着る人の格を下げるとともに、《全体運》にも悪影響があります。美しく仕上がるよう、干し方の工夫も忘れないようにしたいです。

正午をまたげばリセット＆みるみる活性！

太陽のポジティブなエネルギーは、午前10時頃から午後3時頃にかけての時間帯が最強です。正午をまたいで洗濯物を干せば、悪運をリセットする午前の運気と、ひらめきや才能を生かせる午後の運気をフルに取り入れることができ、着る人のパワーも全開に！

夜干しがダメなのは、どうして？

せっかく乾いた洗濯物も、夜通し外に出しておけば、明け方の夜露でしっとり湿ってしまいます。生乾きは水のよどみにつながり、雑菌も繁殖しやすくなるので、悪い気を引き寄せやすくなってしまうわけです。死者の衣服を葬儀の夜に洗って干す風習や「夜干しは赤子泣く」ということわざもあるように、昔から縁起の悪い干し方とされてきたのかもしれません。

洗濯終了したら、すかさず干す

洗った後、洗濯槽に入れっぱなしにすると、せっかく浄化した服が台無しに……。洗濯槽のニオイが服に移ったり、シワの原因になったりして、運気も下がってしまいます。洗濯機の終了音が鳴ったら、一刻も早く取り出し、シワを伸ばしながら干しましょう。

庭はゴミ置き場ではありません

庭やベランダにゴミを一時置きしているお宅は多いもの。ですが風水では、ゴミ置き場を悪運の吹きだまりと考えます。そんな場所に洗濯物を干せば、まっさらな服がそこに漂う悪い気を吸い込んでしまいます。どうしてもゴミを置かないといけないなら、せめてフタ付きのバケツにゴミ袋をしまうなど、見苦しくないように工夫して、悪い気を生み出さない対策をしたいものです。

よそからの邪気は鏡でブロック

マンションなどでベランダがひと続きになっているお宅では、隣人の悪い気の影響も受けやすくなります。仕切り板のすぐ向こうがゴミ置き場や喫煙コーナーになっている……そんなときには「鏡」の力を借りましょう。鏡面を隣に向けてぴったり貼れば、流れてくる悪い気をピシャリとはねつけます。

排水溝の詰まりは人間関係の詰まり?

雨や風にさらされているベランダの排水溝には、知らないうちに枯れ葉や湿った泥などがたまり、雨水がうまく流れなくなることも。風水では、たまった汚水は《全体運》を下げるモトと考えます。邪気が逆流し、洗濯物にもついてしまうので、たまった泥はできるだけかき出し、水を流せない場合は古布で拭きとるようにします。

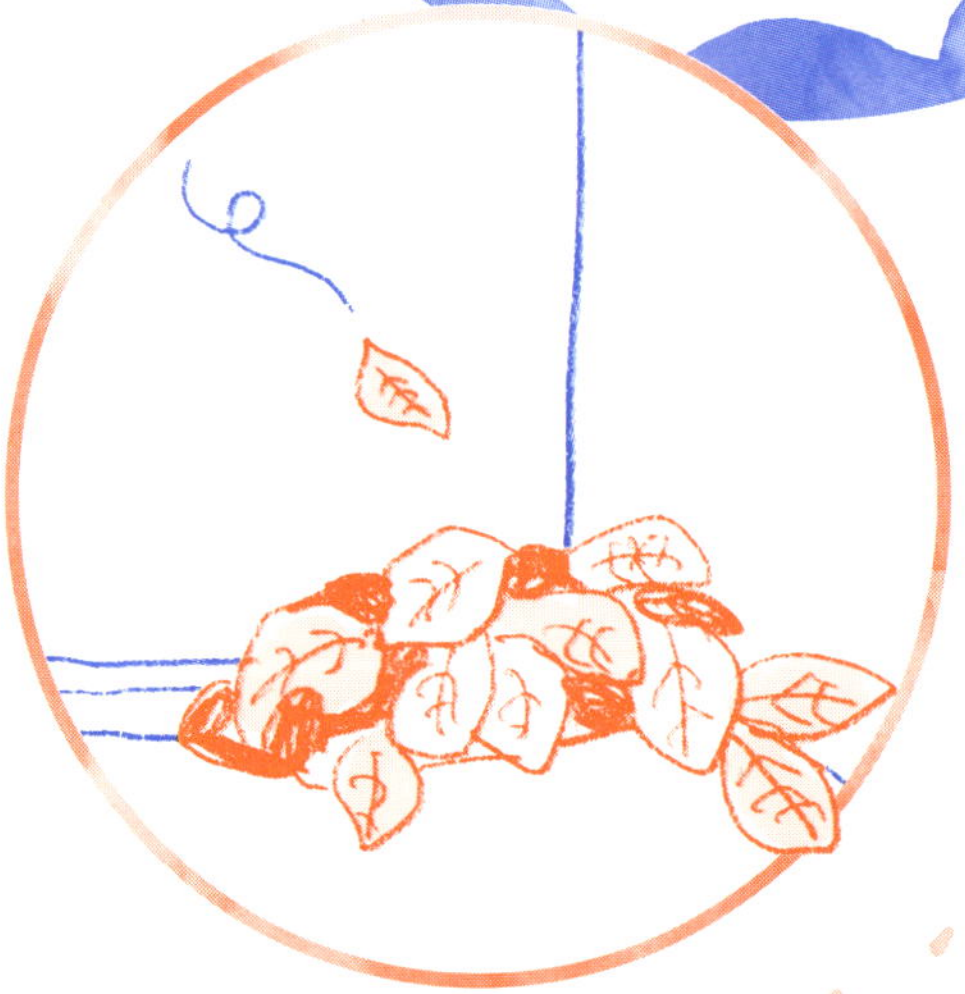

Takako's column

ガンコな汚れは
固形石鹸で浄化!

洗剤にはあまりこだわりのない私ですが、首まわりや袖口、靴下などのガンコな汚れを落とす際には、固形石鹸を使っています。

お気に入りは、泥・黒ずみ・皮脂汚れから化粧品汚れまでなんにでも使える「ウタマロ石けん」や、泥・油汚れに強いといわれる「ブルースティック」など。

劇的に落ちるのもうれしいですが、なにより簡単に落ちるのがたまりません。最初はお友達にいただいたのがきっかけでしたが、通販でも簡単に手に入ります。

汚れが落ちることがすなわち「開運の近道」だと思うと、ウキウキしますよ♪

これは使える！干し方のアイデア集

ピンチハンガーの「アーチ干し」

そよぐ風に洗濯物を効率よく当てれば、速く乾きますし、風のパワーを十分に取り込めます。ピンチハンガーを使うなら、両端に丈が長くて厚みのあるもの、中央に薄手で短いものを吊《つ》るすのがコツ。風に揺れるものは、《恋愛運》や《対人運》をアップさせる効果があります。

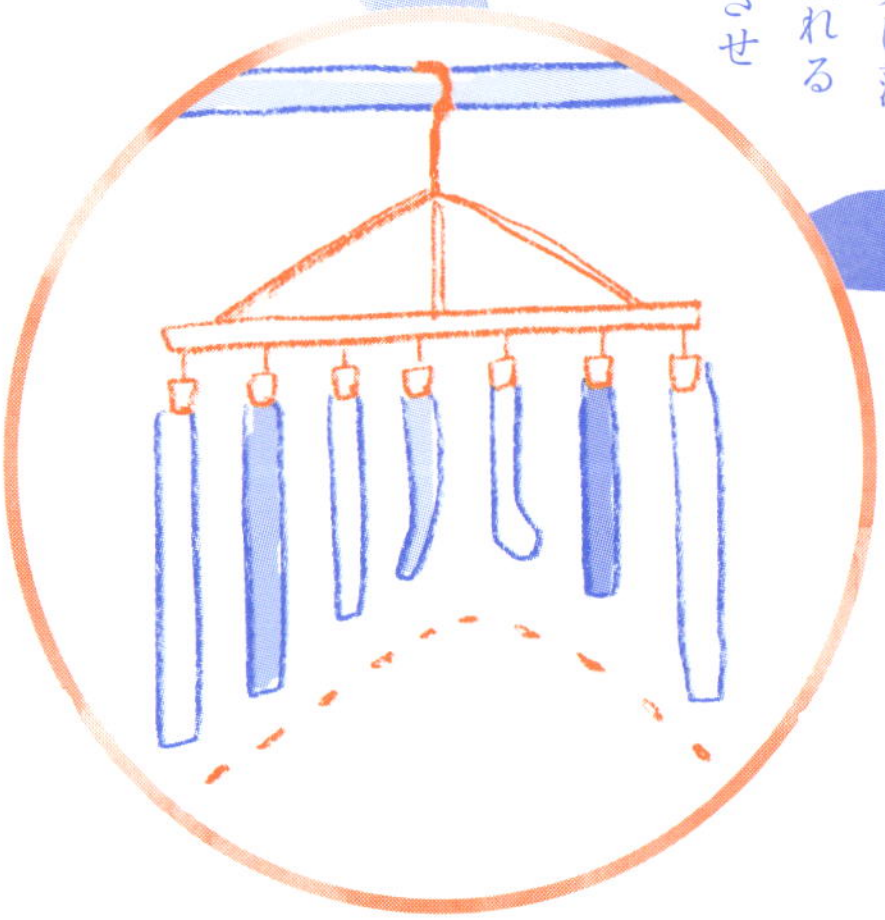

部屋干しの味方「扇風機」は首振りで

どうしても部屋干しや夜干しをするしかないときは、人工的に風の流れを作りましょう。扇風機の首振り機能を使って直接、風を当ててもいいですし、エアコンの除湿(ドライ)モードも役立ちます。また、乾燥機を使うのも手です。夜の家事は風水的には好ましくありませんが、機械を働かせるぶんには、運に影響はありません。

運気が急上昇！「吉方位」の干し方

洗濯物の色がグラデーションになるように並べたり、素材ごとに分けたりすると、吉方位のパワーを取り入れることができます。服を大切に扱うことにもなり、良い運を積み上げることができるんです。仕事も家事もサクサク進んでいくことでしょう。

①西側に、上着やボトムスなど、重い素材の衣類を干す。

②東側に向かって、だんだん軽い衣類を干していく。

③肌に直接触れる下着は、東側に干す（午前の日光に当てて、特に浄化したいため）。

④こうしてアイテムごとに濃色から淡色へとグラデーションをつける。

ニットの平干しは《全体運》をキープ

ウォッシャブルセーターなどのニット類は、干し方に要注意。型崩れすると、だらしない印象を与え、《全体運》を下げてしまいます。まずは洗濯ネットに入れ、おしゃれ着用洗剤で洗い、脱水後は形を整えます。ハンガーに吊《つ》るすと、服の重みで伸びたり形が崩れたりしがちなので、平干し用ネットに広げて乗せるようにします。風通しの良い場所に吊《つ》るして干しましょう。

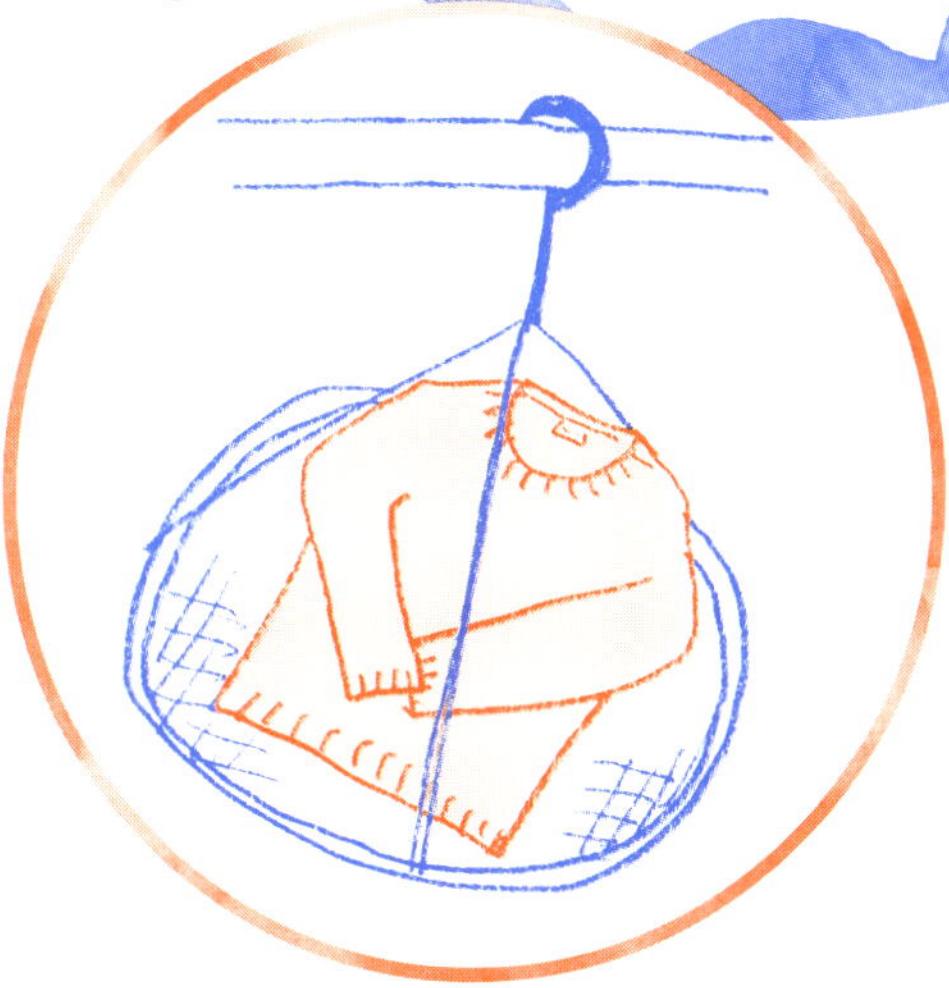

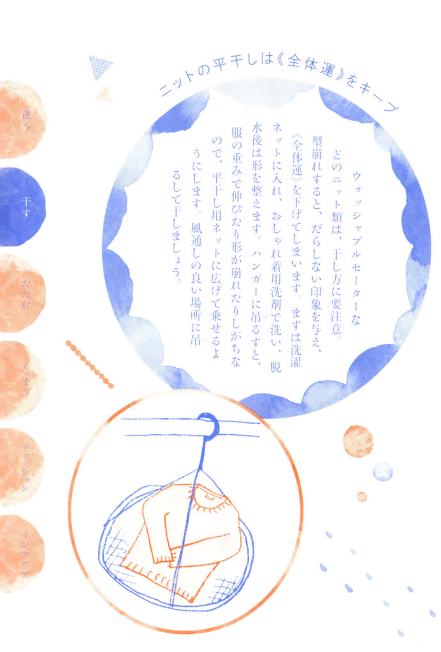

洗濯グッズにも開運カラーを

「運気」と「色」「方位」は、風水では深いつながりがあると考えられています。手に入れたい運気によって異なる「開運カラー」(応用編を参照)は、洗濯ばさみやハンガーに取り入れるのも楽しいですね。小さなこだわりの積み重ねが、大きな幸運を生み出します。100円ショップの洗濯用品も、ありがたい開運グッズに早変わりですよ。

午前中の布団干しで悪い気を一掃

寝ている間の汗を吸収して湿気を含んだ布団には《福運》はやってきません。良い気を取り込むため、定期的に布団を干します。お天気の良い日に、できれば午前中の日光に当てることができたら完璧ですが、難しければ、自然の風にさらしたり窓越しに日光に当てたりするだけでも効果はあります。布団を干せないのなら、布団乾燥機を使うのも手です。

やさしく乾かせる
物干しネットがお気に入り

外気にさらされて傷んでしまった洗濯用小物は、早めに買い替えを。風水では、古びたものには厄《やく》がたまると考えるので、劣化したものを使っていると、干すスペースが悪い気で満たされてしまうんです。

見た目が汚くなって気になりだしたら、替えどきです。

私が気に入っている洗濯グッズは、セーターなどを干す際にのびないようネットが張ってある「物干しネット」！

普段使いのサマーセーターやニット類は、干し方を間違うとうっかり変形してしまったり、伸びてしまってがっかり……。陰干しをする際に何か良いものがないか探していたところ、これは便利！　風通しもよく、型崩れもせず、ノンストレスでガンガン洗濯しています。

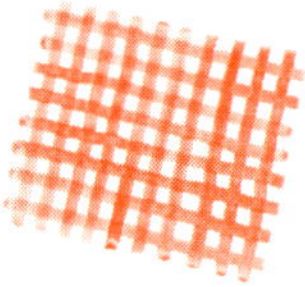

Step 3

たたむ

たっぷり吸収した
「良い気」を保つために

しっかりたたむとエネルギーを保てます

ざっくり置きだと、せっかくの運が半減

開運するには、洗って干しておしまいではありません。洗って干して太陽と風のエネルギーを蓄えた服は、丁寧にたたんでこそ、次に袖を通すときまで良い運気を保てるというもの。形を整えることやアイロンでシワを伸ばすことも、厄《やく》を落として全体的な運気を上げることにつながっているのです。

忙しいからと、取り込んだ服を山積みにし、いざ着るときになって山から探す……そんな習慣ができていませんか？　床にはほこりや汚れがたまって悪い気を生み出しやすいので、洗った衣類を床に直置きすると、悪い気にまみれてしまい、洗濯の効果も薄れてしまいます。すぐにたためないときには、一時置き場として大きなかごなどを用意し、床に直接触れないようにすると良いですね。

干しっぱなしでは、悪い気を再吸収

外に干しても、部屋干しでも、乾いた後の干しっぱなしは残念です。洗顔後の肌が化粧水をグングン吸収するように、洗ってきれいになった服は、寄ってきた悪い気を勢いよく吸い込んでしまうのです。夕方早めの時間までには取り込むようにします。いつも干しっぱなしにしていると、服そのものが持っている良い気が減ってしまい、着た人の運気も下げてしまうんです。

モノ別・たたみ方のヒント集

トップスは正面を表に出してたたむ

服の正面は、着る人自身を表すといわれます。お店で陳列された服のように、前身ごろを表に出し、シワやヨレが出ないようにたたみます。風水では、服は縁をつかさどるアイテムなので、服のシワは対人関係のトラブルにつながる悪い気を招き、《仕事運》や《出世運》にも響いてしまいます。あなどってしまうのはキケンです。

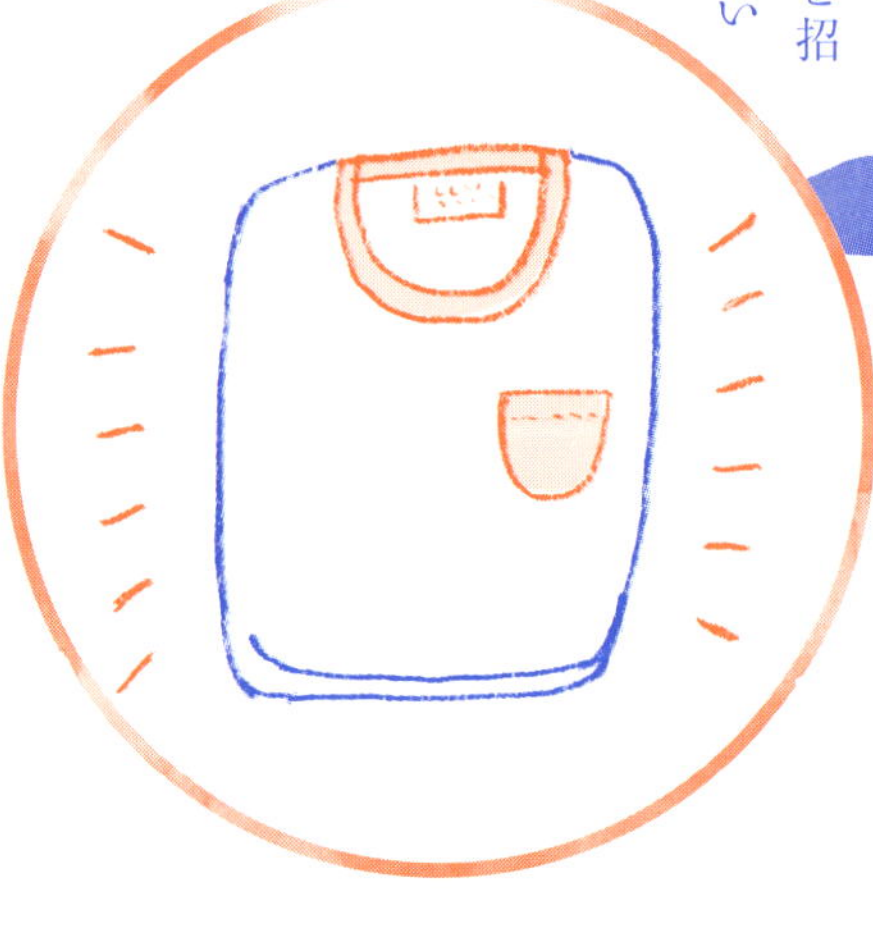

アイロンはピンポイントでもOK

シャツ一枚にも、風水的な要所があります。まずは「袖口」。ここは人間関係の入り口で、整えると良縁に導いてもらえます。また、男性は「首の後ろ」から、女性は「胸元」から気を吸収するといわれます。ここだけでもアイロンがけをしておくことは、《仕事運》アップには欠かせません。ビジネスチャンスが訪れ、大きな仕事の成功に恵まれるでしょう。

ボトムスのシワ伸ばしで開運

家庭における女性の幸せは「足」に宿るといわれます。太ももは《家庭運》を、ふくらはぎは《人生運》を、ひざ・かかとは《男性運》を表しています。「部屋着だから」「ジーンズだし」などと気を抜くことなく、運気アップを念じながらシワを伸ばしてたたみましょう。

ハンカチはピシッと角を合わせて

いくら洗濯してあっても、よれよれのハンカチを持ち歩いていては、良い気を引き寄せることはできません。できればしっかりとアイロンをかけて型崩れを直し、四隅を合わせてたたみましょう。ブランドのロゴが入っているなら、表に出すようにたたみます。ハンドタオルも同様に。

Takako's column

「運」も ほっとひと息つきたいんです

下駄箱、押し入れ、クローゼット……収納スペースはいろいろありますが、私が気をつけていることは「入れすぎない」「すぐにわかる」ということ。

風水では、生活スペースを「陽」とすれば、収納スペースは「陰」と考えます。普段使っているモノについた「運」を休ませ、育み、蓄える。収納スペースには、そんな作用があるんです。

生活の場も、荷物がいっぱいでぎゅうぎゅうだと息が詰まりますよね？　それと同じで、収納スペースに物を入れすぎていると、運が半減してしまいます。

つまり、ある程度の余裕があったほうがいいのです。モノを増やさないのも手ですが、何かを増やしたら何かを減らす、という努力をしています。

Step 4

しまう

ゆったり8割収納で
気の巡りがどんどん上昇

「詰め込み収納」は運気を奪う

クローゼットは8割収納を目安に

クローゼットやタンス、押し入れなどの収納スペースは「運の貯金箱」と考えられています。しまう物と一緒に、それが持つ運気もため込まれるので、しまい方にも気を配りたいものです。

注意したいポイントは2つ。まず、ギュウギュウに詰め込まないこと。外からの良い気が入ってこられずに気が停滞し、特に《金運》に悪い影響が及びます。空間に2割程度の余裕を残し、気の流れが変化できるよう、ゆとりを持たせましょう。

もう1つは、一度着てからケアをしていない服と、洗ってきれいにした服を同じ場所に収納しないことです。服は良くも悪くも、気を吸収しやすいので、湿気や臭いのついた服と同じ空間に並べれば、たちまち穢《けが》れがついてしまいます。蓄えた良い運気を逃さないよう、忘れずにケアを。

着ない服は3年をめどに処分

不用品をため込むことは運気を下げる原因なので、季節の変わり目や年度末など、タイミングを決めて、手持ちの服をチェックしましょう。バッグやアクセサリーなども忘れずに。収納場所の整理は、思考回路の整理にもつながり、くよくよ悩みにくくなります。

炭は天然の開運アイテム

トラブルがあったり、苦手な人と会ったときに着ていた服には、悪い気がたっぷり含まれています。厄《やく》を移さないために他の服とは分けて洗うのがベスト。時間がなくてそうもいかないときには、塩をひとつまみ加えてから洗濯機を回しましょう。クリーニングに出すときには、軽く塩をふりかけ、厄を取り除いてからお店に持っていくようにして。

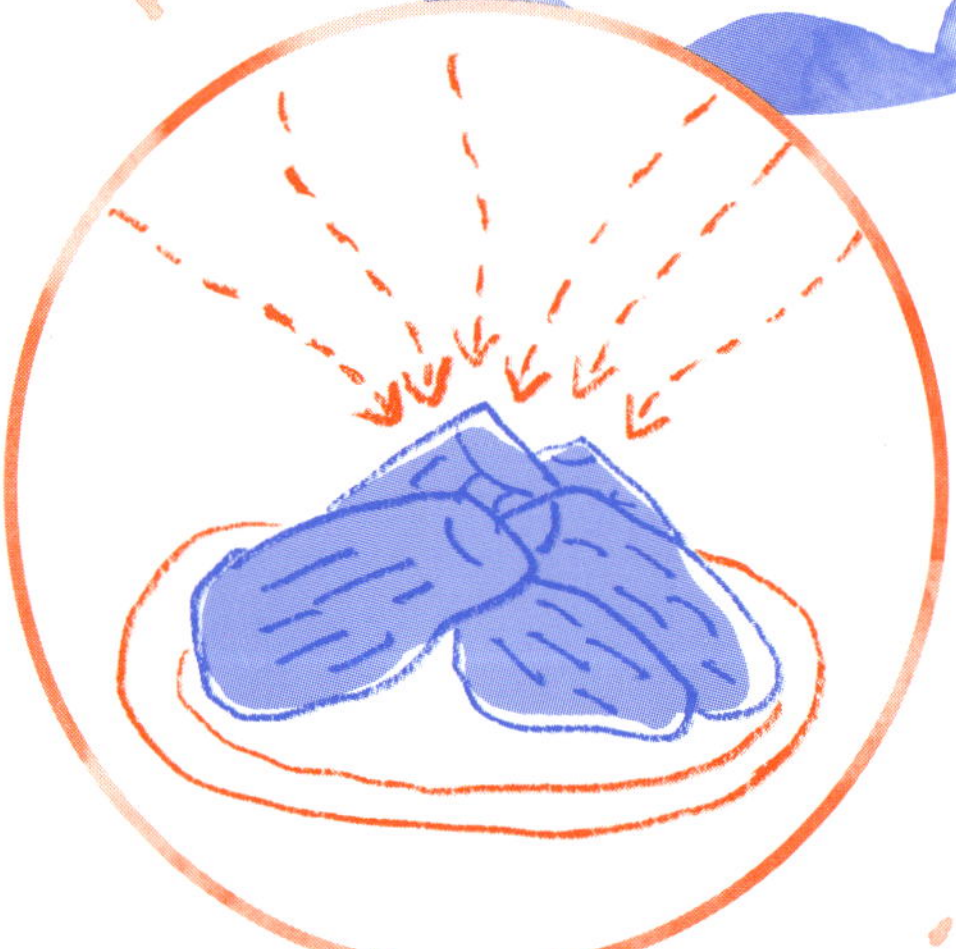

クリーニングのビニール袋は外して

風水では、ビニールなどの人工的な素材には「火の気」が宿るとされ、収納スペースに入れっぱなしにすると、その場所にある運を全部燃やしてしまうといわれています。せっかくの運を失わないために、クリーニングから戻ってきた服のビニールカバーは、外してから吊《つ》るすようにします。

収納スペースは掃除で浄化を

ときどき、服を整理したり入れ替えたりするタイミングで、引き出しの中や棚も掃除をし、厄となるチリやホコリを取り除きましょう。カビが気になるなら、アルコールスプレーなどで拭き取るのも効果的です。清浄な空間には良い気が巡り、良い変化が訪れます。

クローゼット内の配置にも風水ルールがあります

季節ごと、色別、厚さ別…

服に蓄えた良い運気を保つには、衣類の「並べ方」にもコツがいります。

左図のように、クローゼットなら、まず扉を開けて向かって「右側」に春夏用の薄手の衣類、「左側」に秋冬用の厚手の衣類や丈の長いもの、高価なものを収納します。

季節ごとに分けたら、それぞれ向かって「右側」から順に、薄くて明るい色の服をかけていきましょう。グラデーションに並べるイメージです。また、タンスや引き出しの場合、「上段」に直接肌に触れる下着類をしまい、明るい色の薄手の衣類→暗い色の厚手の衣類となるようにしまっていきます。風水ルールでは、収納スペースにおける「上」＝「北」、「右」＝「東」、「左」＝「西」と考え、季節や色、厚さを揃えます。素材や色によって異なる気を整理することで、方位に合ったエネルギーバランスが整えられ、開運パワーが高まるのです。

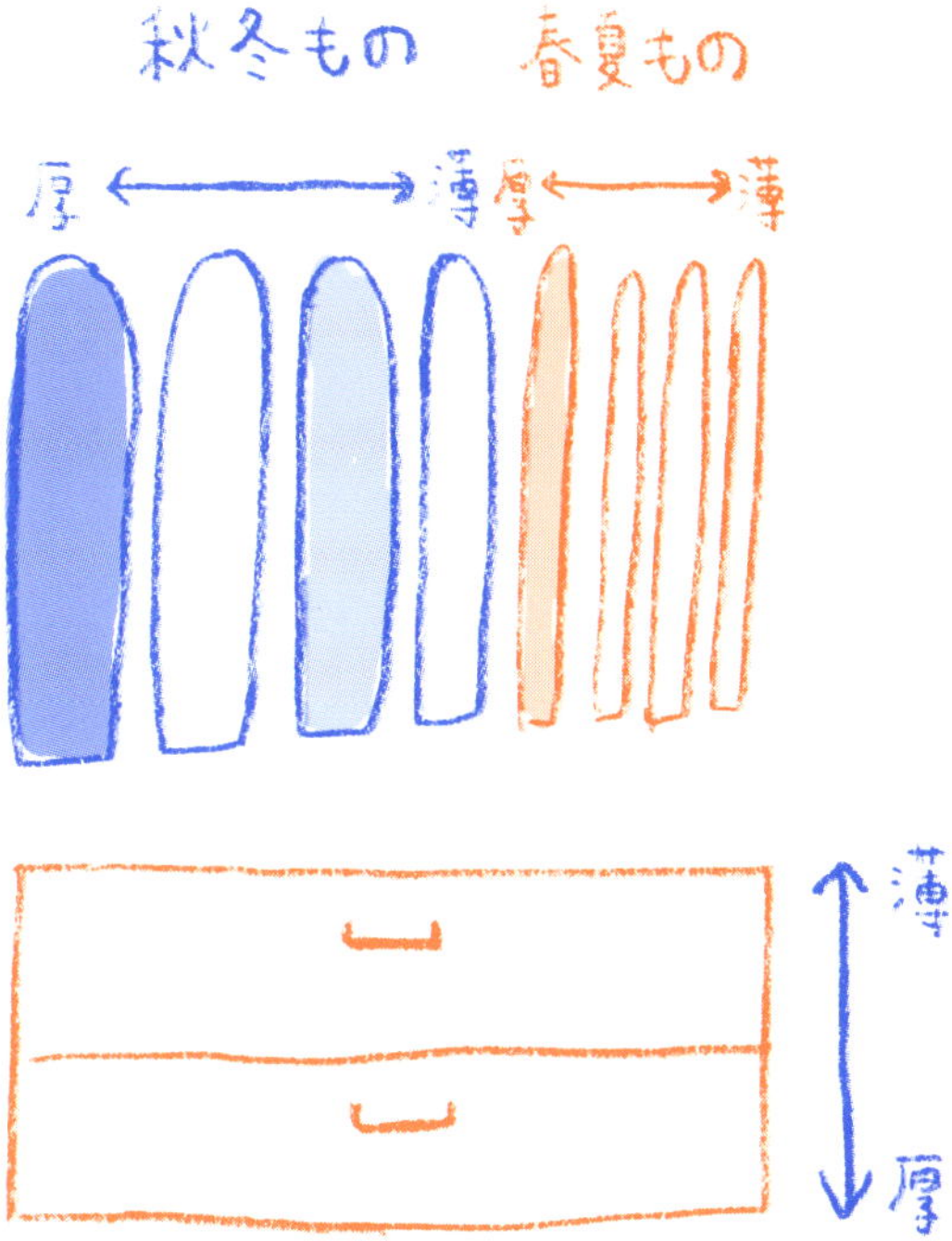

こうして並べると、開運力アップ！

①「右」→「左」の流れを作る。「右」＝「東」とみなして春夏用の薄手の衣類をかけ、徐々に厚手の重い衣類をかけるようにする。
②季節ごとのかたまりの中でも「右」→「左」の流れで、薄い明るい色→濃い暗い色のグラデーションを作る。
③タンスや引き出しでは「最上段」に下着を。「上」→「下」の流れで、薄手の衣類から厚手の衣類を収める。

上の引き出しは子供のもの、下は大人のもの

家族で一つの収納家具を共有するときにも、風水では決まりごとがあります。「軽いもの」→「重いもの」の順番が基本なので、最年少の子供の衣類は一番上の引き出しにしまいます。子供の年齢順に下がり、お母さんのもの→お父さんのものと続きます。

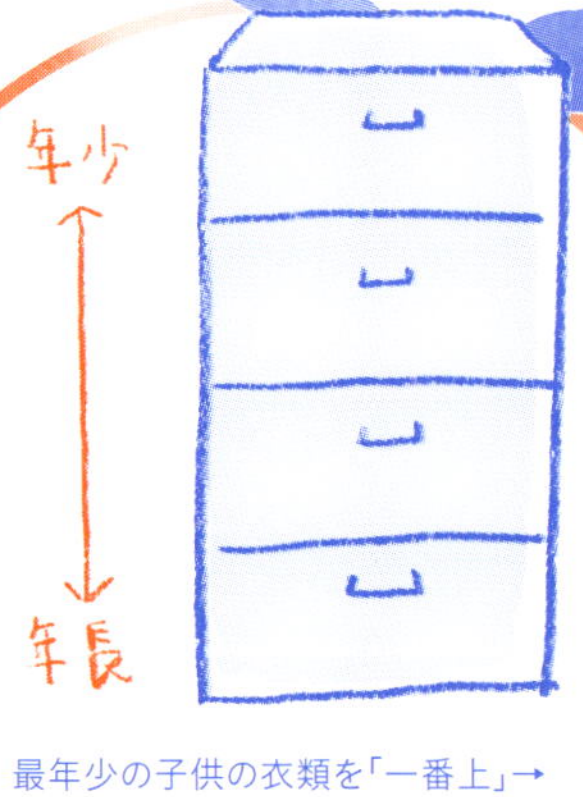

最年少の子供の衣類を「一番上」→
年上の子供の衣類→母→父

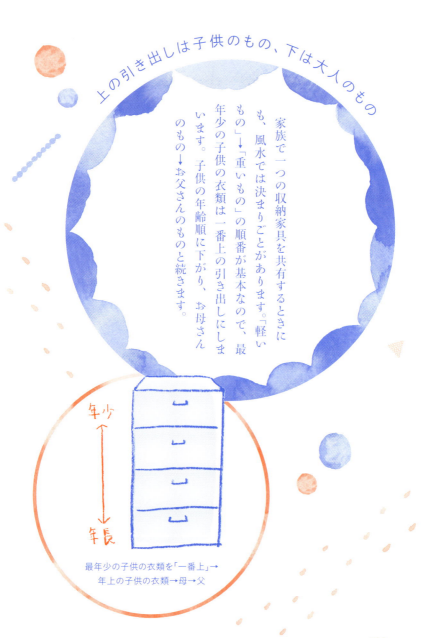

肌着・靴下とほかの衣類は別の引き出しに

たとえ引き出しに余裕があったとしても、ランジェリーや靴下と衣類を同じスペースに入れてはいけません。直接肌に触れる下着や靴下は、運気にもたらす影響が大きいと考えられ、ほかの衣類が持つ気を変えてしまうことがあるからです。気のバランスを乱さないためにも、別々の引き出しにしましょう。

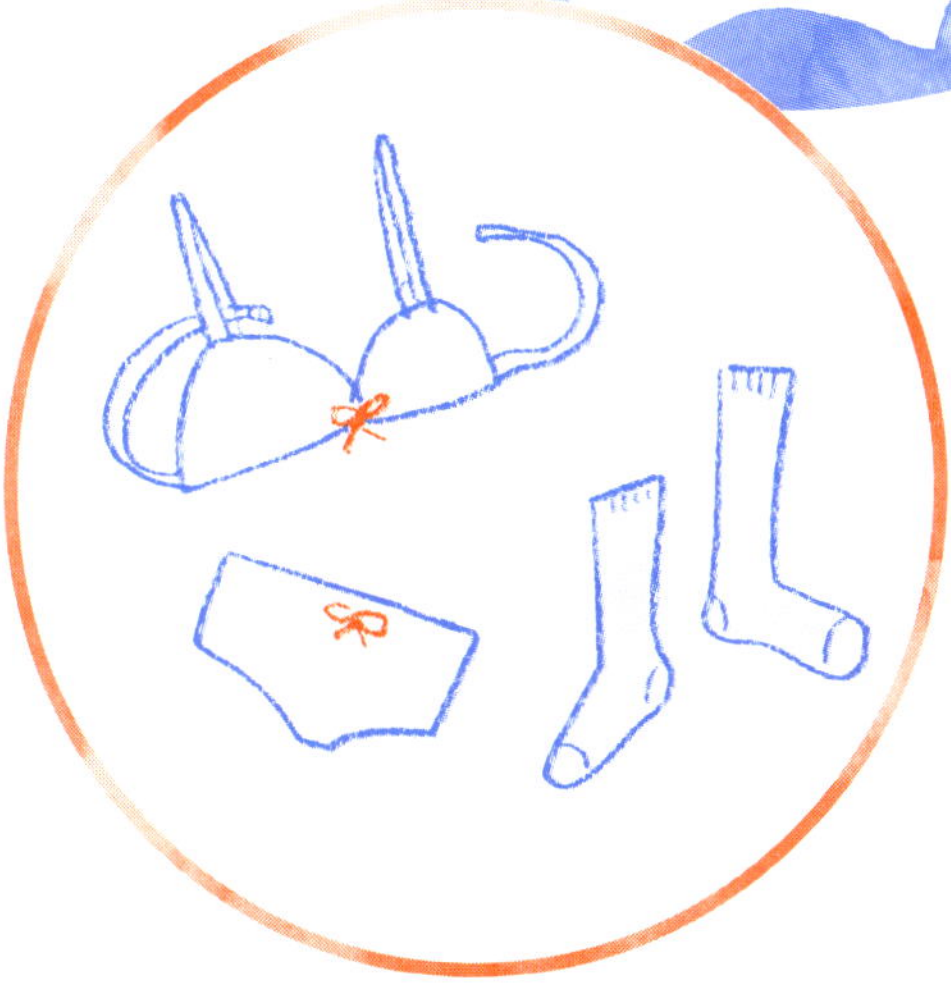

モノ別・収納方法のヒント集

ファッション小物もシワや型崩れはNG

マフラーやスカーフ、ストールなど、女性らしさを彩るアイテムは《出会い運》や《恋愛運》と結びつきがあります。また、ネクタイやベルトは《仕事運》や《対人運》に関連があります。どのアイテムの場合も、しまい方は衣類と同じく、シワや型崩れのないようにするのがポイント。素材に合った、負担のかからない方法なら、吊《つ》るしても、丸めても、たたんでもＯＫです。

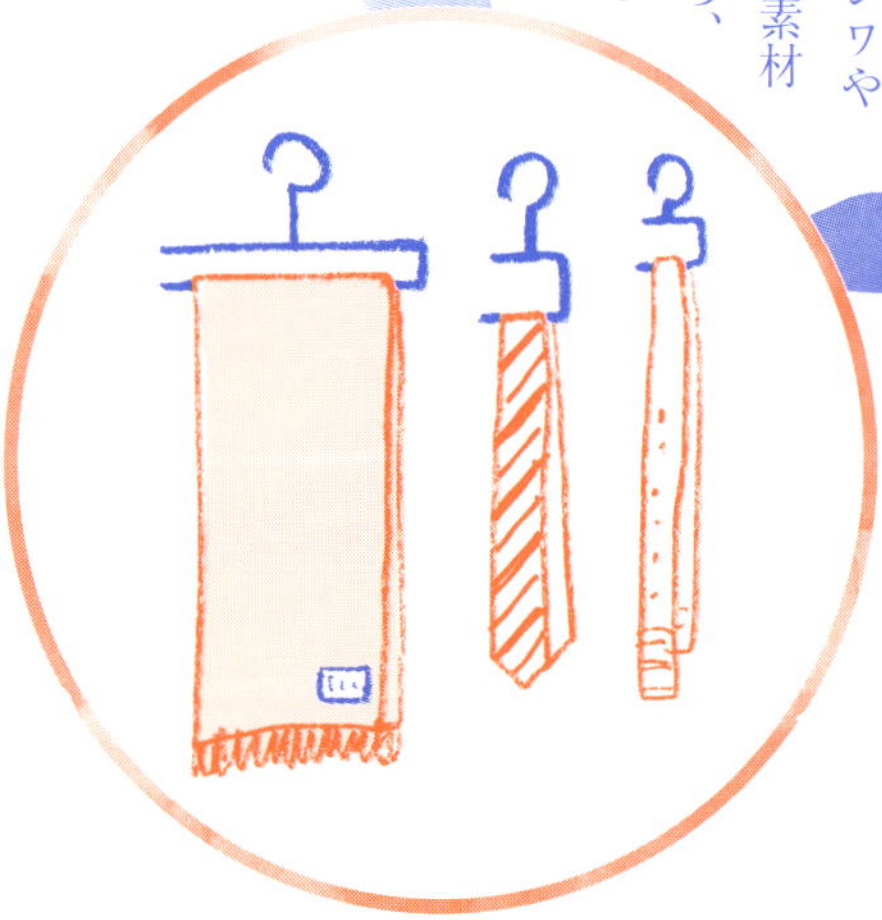

バッグのしまい方で《金運》上昇

帰宅したらすぐにポイッと部屋の隅のほうに無造作に置いていませんか？　バッグ類は《金運》を築くアイテム。できるだけ丁寧に扱うようにします。革製バッグなら、丸めた新聞紙や古いタオルを中に詰め、形を整えてから収納袋に入れ、棚などに置いてホコリと型崩れを防ぎます。大きなバッグに小さなバッグを詰めるなどして、床に直接置くような方法は避けましょう。

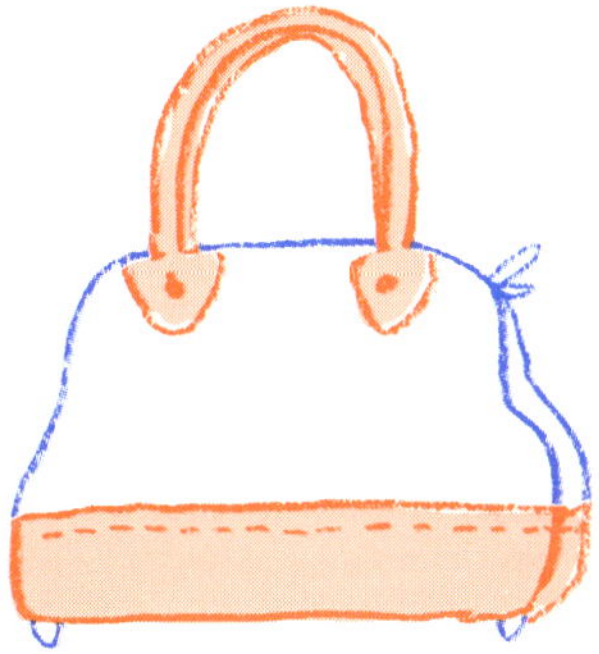

ハンカチを整理すると《対人運》アップ

きちんとたたんで整理しているつもりでも、毎日出し入れするうちにゴチャゴチャになりがちなハンカチ。《対人運》を左右するアイテムなので、常にスッキリとさせておきたいですね。たたんだ折り山を「上」にして、専用ボックスやカゴに立てると、きれいに整理した状態を保ちやすくなります。自分のラッキーカラーの入れ物を選べば、さらなる運気アップに期待が！

靴をすぐに靴箱にしまうのはタブー

歩き回って帰った後の靴には、足裏の汗や臭い、汚れに加えて、外の世界の悪い気がどっさりついています。それをすぐ靴箱にしまったら、一気に空間に充満してほかの靴まで厄《やく》まみれに……。

帰ったらしばらくは玄関のたたきに置いておき、翌朝になってから靴箱にしまうようにします。

収納スペースはグッズで上手に仕分けを

収納スペースは「運」がほっとひと息つく場所。ですから、より使い勝手をよくするために、上手な収納方法を考えてみたいものです。

私の家では、収納ケースは「半透明なもの」「中が見える窓付きのもの」「メモが書けるようになっているもの」を使っています。

また、引き出しの中は、細かく仕切ることができる枠（仕切り板）を使っています。

ずぼらな人ほど、モノを増やさないよう、持っているものを一度、見直してみるのもいいですね。

Step 5

ファッション

新しい服を買うときは
「これ」が大事です

服選びは値段よりも素材重視が賢い！

「色」「流行」「素材」を意識して運気アップ

風水では、幸運が舞い込むといわれるファッションポイントがあります。それは「色」「流行」「素材」です。まず「欲しい運に結びつくラッキーカラーのアイテムを身に着けると良い」というのは有名な話ですね。そして「流行ものに上昇運がある」ともされていて、流行ファッションを取り入れると、「時の運」を手に入れられると考えられています。また「質の良い素材の服を着ると運気が上がる」ともいわれ、上質な素材の服には上質な運気が宿ります。絹、麻、綿、ウール、カシミア、アンゴラなどの天然素材は、それぞれが異なった良い気を持っているのでおすすめです。一方、化学繊維は「火の気」が強いといわれ、幸運の根を燃やしてイライラや人間関係の摩擦を招きます。素材のもつ気がプラスに働いてくれるよう、素材に合ったケアをしたいですね。

風水的
3つのファッションポイント

シルクの小物で《金運》を引き寄せる

《金運》は上質なものを好む性質があり、シルクのような上質な素材を身に着けていると、お金のほうから自分に近づいてきてくれる、といわれています。高価で手を出しにくい、好みのデザインの服が少ない、という場合は、ネクタイやポケットチーフ、スカーフなどを取り入れるだけでもOK。

綿100%のシャツで《仕事運》アップ

木綿には、「冷静に正しい判断のできる気」が宿っています。仕事中に身に着ければ、社会的な信用や大きなプロジェクトの成功につながることでしょう。汗をよく吸ってくれることも良い気を運んでくれます。季節に合わせた衣類を着て快適に過ごすことは、運気アップに効果的といえるからです。

身に着けた人を守ってくれる麻素材

昔から麻には穢《けが》れを拭い去る力があるといわれ、神社のお札や結界を囲む麻ひもに使われてきました。

悪い気がつくのを防いでくれるので、苦手な人に会わなければならない日や、気の進まない用事のある日に身に着けると良いでしょう。

夏以外の季節なら、ハンカチなどで取り入れて。

ウールの自浄作用で邪気を撃退

ウールの原料となる羊毛は、羊の体を覆って、暑さ寒さや汚れ、風雨や虫などから守る役目をしていたもの。害になるものが皮膚に届くのを防いで、羊の体を清潔に保つのと同じように、私たちについた悪い気が体にしみ込まないようにしてくれます。また、ウールには湿度を調節する性質も。「湿気」＝「厄《やく》」と考えられているので、吸い込んだ湿気を自分で追い出す作用があるのもうれしいですね。

新しい洗濯マーク、見てますか？

洗う前にタグチェックで運気上々

風水では、素材に合わせて正しく洗うことも大切です。正しいやり方で洗濯をすることは、厄《やく》落としになるだけではなく、その衣類を大切にすることにもなり、素材そのものの良い運気をたっぷり吸収できるからです。

新しい服を初めて洗濯をする前には、衣類のタグを見て表示を確かめましょう。「水洗いやドライクリーニングができるかどうか」から「使える洗剤の種類」や「脱水方法」「洗うときの水の温度」「アイロンの設定温度」まで、素材を傷めないための注意がマークで示されています。

洗濯の仕方を間違えば、生地を傷めて服の寿命を縮めるばかりか、せっかくの良い運気をいただくチャンスがなくなってしまうんです。洗濯機に入れる前にマークを確かめて、運気上々の毎日を送りましょう。

正しい方法で洗濯すれば、より幸運体質に！

２０１６年12月から、衣類のタグについている「洗濯表示」が変更になりました。世界共通のＩＳＯ（国際規格）とよばれる記号と統一されることになったのです。

基本の記号は、たったの５つ。よりシンプルな表示に変わったので、ちょっとわかりづらいかもしれませんが、正しい方法でお手入れすることは、つまり服を大切に扱うこと。より開運に近づいていきます。

新しい洗濯表示、こんなふうに変わりました

旧		新 ※2016年12月から
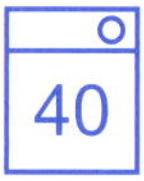	➡	 家庭の洗濯機で洗える（洗濯機の温度は40℃まで）
	➡	 弱めに洗濯する
	➡	 手洗いできる
	➡	 日陰の吊り干しがよい

参考：消費者庁ホームページ「新しい洗濯表示」より。
このHPにある「早見表」を洗濯機の近くに貼っておくと便利です

Step 6

インテリア

おうちに漂う
「気」をより良くするために

ファブリック類を洗うペースは？

リビングには家族のエネルギーがいっぱい

カーテンやクッション、マット類など、部屋に置いてあるファブリックも、定期的にきれいにするのがおすすめです。

特に、リビングは《才能運》や《家庭運》をアップする大切な場所。外からの厄《やく》を上手に落とし、運気を上げる場所なので、ファブリック類はきれいに保ちましょう。夫婦、親子、きょうだい、嫁姑……それぞれの関係が上向きになっていくでしょう。

家族で過ごすことの多い場所だけに、全員分のエネルギーや感情が集まっていますから、いっそう気を配りたいですね。ほったらかしは運気を滞らせるので、見て見ぬふりは厳禁。家族みんなの幸せのため、日々の家事にファブリック類のケアも組みこんでみましょう。

こんなにあるある！
穢《けが》れがたまったファブリック類

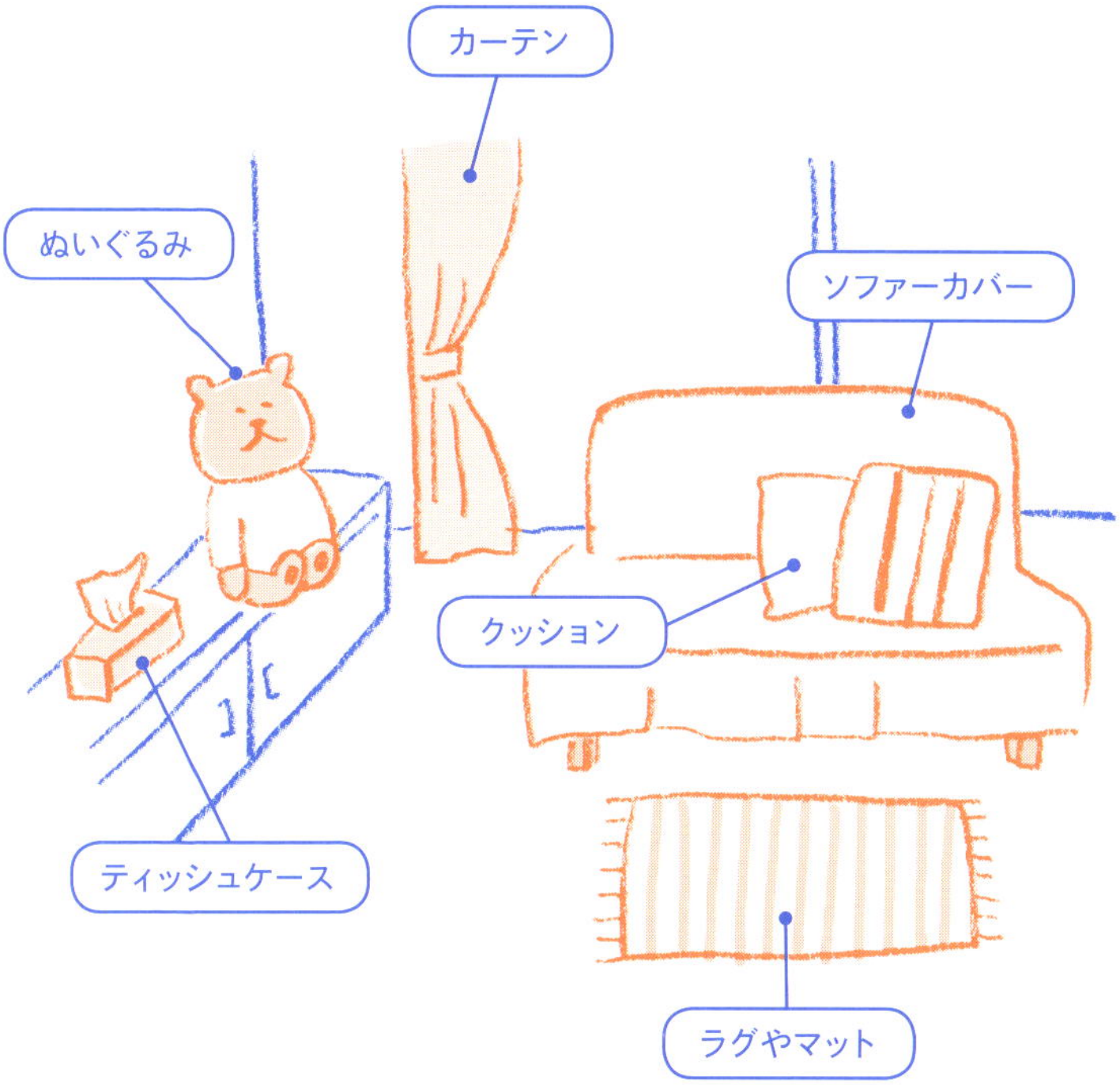

カーテンは洗濯機で洗える

せっかく窓から良い気が入ってきても、カーテンが汚れていては流れが止まってしまいます。また、穢《けが》れを部屋中にまき散らすことに。悪い気をスーッと追い出すためにも浄化したいですね。たいていのカーテンは、洗濯ネットに入れて洗濯機で洗えます。キッチン付近だと、油汚れとホコリが混じってレールにこびりつくことも。カビの原因になるので、洗濯のついでに窓やレールも掃除しましょう。

カーテンの洗い方

目安：半年に1回（レースは年2〜3回）

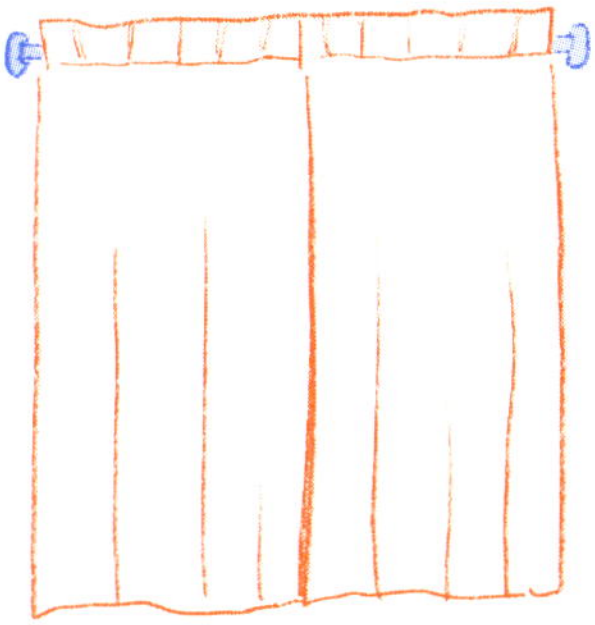

①カーテンレールからカーテンを取り外し、フックを全部取りはずす。生地の傷みやほつれがないかチェックして、あれば直しておく。

②ベランダなどで、カーテンについたホコリを、よく払う。たたき出すようにしっかりと。

③ヒダ山にそって、洗濯ネットの幅を目安にして丁寧にたたむ。

④洗濯機の「手洗いコース（弱水流）」で洗う。

⑤すすぎはしっかり。脱水は軽く。

⑥濡れたままでOKなので、カーテンにフックを取り付け、カーテンレールにかけて吊《つ》り干しする。軽く下から引っ張り、シワを伸ばす。

⑦自然乾燥させる。

ソファーカバーは「祓《はら》い」が目安

日本には「大祓《おおはら》い」という、昔から伝わる神事の習わしがあります。雑菌の繁殖しやすい梅雨の前に生地を新しい物に替える「夏越《なごし》の祓い」と、年末の大掃除に当たる「大祓い」です。これにならって、外して洗えるものは、年に2回ほどきれいにすると良いでしょう。ホームクリーニングでは色落ちや縮みが心配なので、洗いたい場合はクリーニング店に頼むのがベターです。

ソファーカバーのお手入れ法

目安：シミがついたら

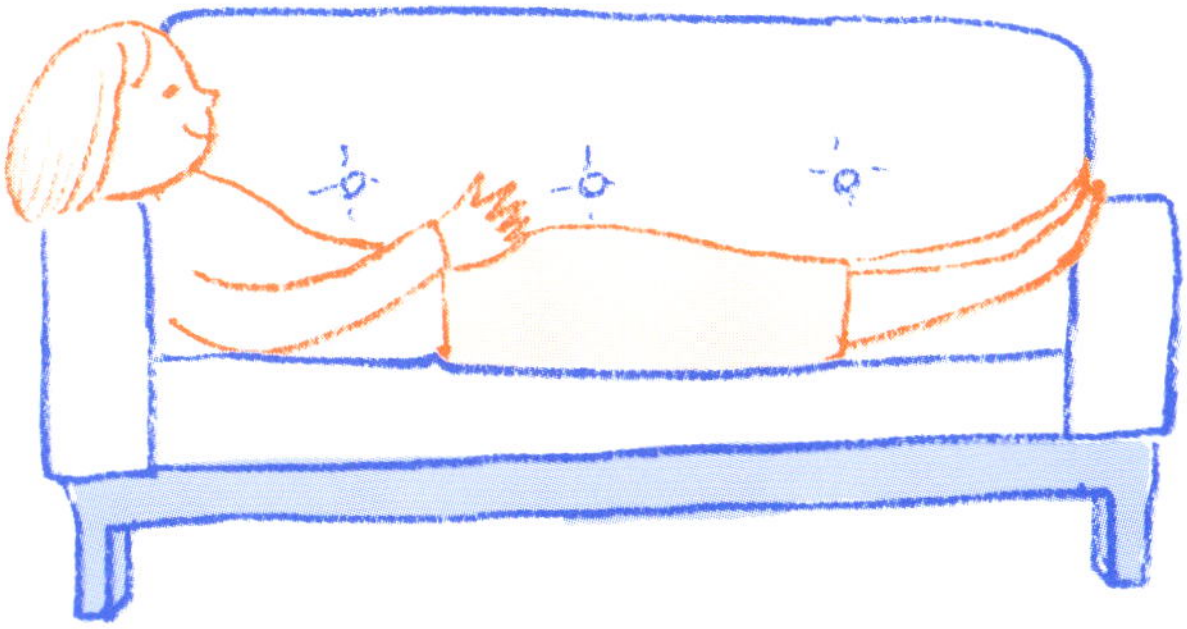

普段のケア

ホコリがたまりやすいので、ハンディクリーナーで吸い取る。

シミがついたら

①部分的なシミは、薄めた中性洗剤を含ませた布でたたいて落とす。

②水拭きして自然乾燥させる。

③臭い対策として、布用の消臭除菌スプレーをかけておく。

ぬいぐるみには日光浴をさせよ

持ち主の身代わりになってくれる半面、ネガティブな感情や悪い気を吸収してため込む面も持ち合わせています。ときどき洗ってあげたり、日光浴をさせたりしましょう。洗った場合、中途半端な乾かし方ではカビが生えて運気を下げてしまうので、詰まった綿の芯まで、完全に乾かすようにします。洗えないものは、塩をひとつまみ振ってブラシをかけ、消臭除菌スプレーで厄《やく》落としを。

ぬいぐるみのお手入れ法

目安：汚れが目立ってきたら

普段のケア

洋服ブラシでホコリをこまめに払うようにする。

汚れが目立ってきたら

部分的な汚れは、薄めた中性洗剤を含ませた布でたたき、固く絞ったぬれタオルで拭き、陰干しにする。

洗えるものは

①中性洗剤を薄めてつけおきし、やさしく押し洗いする。

②水を替えながら念入りにすすぐ。

③タオルでくるんで水気を取り、洗濯ネットに入れて洗濯機のドライコースで脱水する。

④風通しの良い日陰でしっかりと乾かす。

Takako's column

インテリアは
あえて汚れが目立つ「白」に

わが家のインテリアは、極めてシンプルです。なるべく掃除を簡単にしたかっただけなのですが、新しくインテリア家具などを買い足すときも「シンプル」が判断基準になっています。

家具類は基本、汚れが目立つ「白」。ほかは木目調です。小物は極力置かず、代わりに観葉植物や花を飾っています。植物に水をあげたり日を当ててあげたりする行為はその空間に「気」を通わせるポイントになるからです。

トイレマットやバスマット類など、厄落としスペースで使用するものは、1年に一度、新しいものに交換しています。清潔できれいなものを使うほうが、運が上がりますからね。

Advance

応用編

どんな夢もかなえる！
最強の勝負ランジェリー

なりたい自分を、できるだけ具体的に妄想する

想像可能な夢は、実現可能!

あなたは、どんな夢がありますか?

風水パワーを取り入れるには、「なりたい自分の姿」をできるだけ細かくイメージすることが大切です。「今の自分」をスタート地点にするのではなく「なりたい自分」から逆算して、やるべきことを見つめてみるのです。それも、できるだけ細部まで、超・具体的に!

例えば「ダイエットに成功したい」というぼんやりした夢よりは、「5キロやせて、シャネルスーツを着て、ステキな彼氏と銀座でデートをした」といった具合です。はっきりとしたビジョンや具体的な数字を出せば、実現に向けて今するべきことがわかり、夢にグッと近づけるのです。夢に遠慮はいりません。「こんなことまではムリだろう」という枠はすっぱりと取り払い、思いっきり妄想をふくらませてみましょう。

なりたい自分を
妄想してみる

POINT!

- できるだけ細部まで、超・具体的に書き出すこと
- 過去形、または現在進行形で書き出すこと
（〜できた、〜だった、〜できている、〜している）
- 遠慮せずに、思いきり妄想をふくらませること！

あなたの「願い」にあわせた風水の取り入れ方

究極の開運アイテムで気分もアップ

これまで見てきたように、自分の運気をもっとも左右するものは、直接身に着ける「下着（ブラ＆ショーツ）」です。勝負下着といえば、豪華なレースがついた、数万円で売っているような高級ランジェリーが思い浮かびますが、今は100円ショップやちょっとした雑貨店でも気軽に下着が買える時代になりました。お手軽に変化を楽しめるものだから、①ふだんの昼間用、②ふだんの寝るとき用、③勝負すべき日の昼間用、④勝負すべき日の夜用……などと、こまめに着替えると、より「欲しい運」を手に入れやすくなります。

さらに、柔軟剤などの香りを変えるのもおすすめです。とにかく取り入れやすいものでどんどん実践してみてください。だって、「幸運」や「幸せ」って、手に入れようと動いた人だけがつかめるんですから♪

《恋愛運》アップ

こういうときに効く

□ いい出会いが欲しい

□ 好きな人に振り向いてほしい

□ 素敵な結婚がしたい

開運ポイント

［カラー］ピンク+白が最強。ゴールドが入っているとなお良し

［柄］水玉、ストライプ

［香り］ライトなフローラル系。桃、桜など、
ピンクを連想させる香り

最強！勝負ランジェリー

ピンクと白のドット柄、
ゴールドのフリル

《家庭運》アップ

こうういうときに効く

□ 子宝に恵まれたい／安産祈願

□ 夫婦円満

□ パートナーの浮気を防ぎたい

開運ポイント

［カラー］子宝にはオレンジ。夫婦円満にはワインレッド。浮気防止には紫

［柄］フルーツ柄で、ゆったりした形

［香り］濃厚な完熟フルーツ系。またはウッド系などオリエンタルな香り

最強！勝負ランジェリー

夫婦円満には、ゆったりした形、ワインレッド

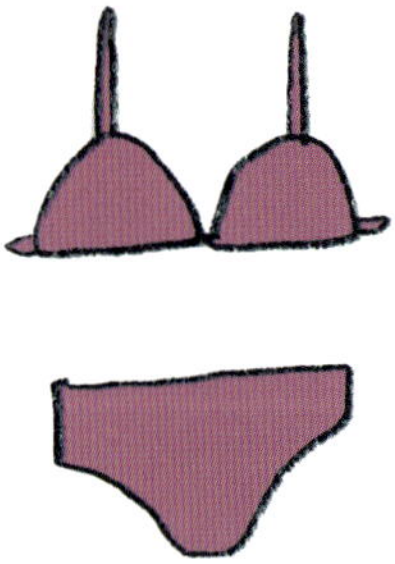

《健康運》アップ

こうういうときに効く

□ 心身ともに健康でいたい

□ 家内安全（家族の病気や事故を防ぎたい）

□ 親の長寿祈願

開運ポイント

[カラー] 赤、白

[柄] とくになし

[香り] グレープフルーツなど、フレッシュなフルーツの香り

最強！勝負ランジェリー

真っ赤な下着に、フレッシュな柔軟剤を

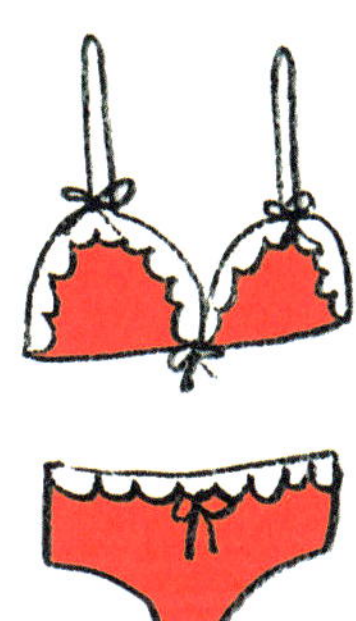

《美容運》アップ

こういうときに効く

□ もっときれいになりたい

□ 若さを維持したい(アンチエイジング)

□ 肌荒れをなくしたい

開運ポイント

[カラー] グリーン。金色の糸が入ったもの

[柄] キラキラしたもの。素材はシルク系

[香り] フローラル系、または、ホワイトリネン系

最強!勝負ランジェリー

スケスケグリーンの地に、
ラメ入りで、金色の刺繍

《金運》アップ

こういうときに効く

□ 収入をアップさせたい

□ 貯金を増やしたい

□ 浪費をやめたい

開運ポイント

[カラー] 金欠の人は真っ黄色。貯金を増やしたい人は白と黄色

[柄] ドット。素材はシルク系

[香り] 甘めのフルーツ系+スパイス系の香り

最強！勝負ランジェリー

シルク素材で、黄色地に白のドット柄

《仕事運》アップ

こうういうときに効く

□ 仕事で成功したい

□ バリバリ営業やプレゼンがしたい

□ 夫を出世させたい

開運ポイント

［カラー］赤、青

［柄］ストライプ

［香り］シトラス系、ハーブ系、スパイシー系

最強！勝負ランジェリー

赤と青のストライプ

《子育て運》アップ

こういうときに効く

□ 子供の入試・資格などの合格祈願

□ 子供の部活などでの活躍祈願

□ 子供のいじめ防止

開運ポイント

［カラー］白と紫

［柄］無地

［香り］爽やかな石けんの香り

最強！勝負ランジェリー

紫色の無地

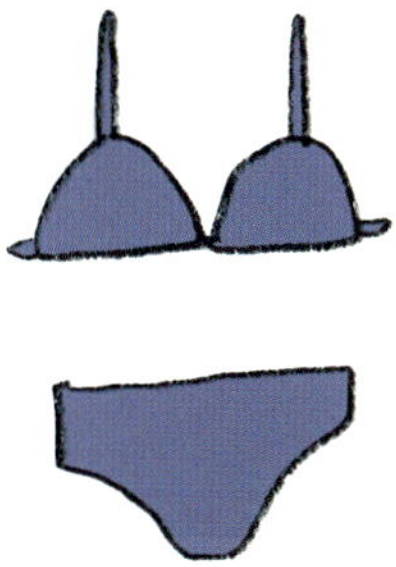

おわりに

究極の"ゆる風水"でみるみるハッピーに♡

数ある書籍の中から、この本を手にしてくださいました皆さま、本当にありがとうございます。

日々のちょっとした悩みやトラブルに、カンタンかつ合理的に対応できる「風水術」を紹介しました。もちろん私も実践していることばかりです。少しでも皆さんの悩みを軽くして、笑顔のあふれる毎日のヒントやエッセンスになればと思っています。

生きていれば、恋愛や結婚、子供のこと、夫のこと、お金や仕事、人間関係など、大切なことがたくさんあると気づきます。だからこそ、私はそれら全体に効果のある「風水」で皆さんの幸せの底上げがしたい、と願っているのです。

だって、せっかくの人生ですもの！　どれだけ楽しく、笑顔で過ごせるかは重要なことですからね。誰かのグチや不満、涙ばかりの暗い人生より、笑顔と笑いが絶えない輝いた人生のほうが、何倍も素敵です！

私自身も、風水を始めたきっかけは「もっとカンタンにハッピーになりたい！」という気持ちからでした。そして、落ち込んで悩んだとき、窓を開けて部屋の換気をし、掃除をしていろんなものを洗濯しまくりました。

すると、青い空に揺れる洗濯物を見ているうちに気持ちが軽くなり、落ち込んでいたことも忘れていたのです。環境が整い、気持ちが前向きになると、悩んでいたことが嘘のように気にならなくなり、その後、いいこともたくさん続きました。

もちろん、うまくいかない日もたくさんあります。まだまだ悩んだり、苦しんだりすることも。でも、上手に回避する方法、立ち直る方法は、じつは身近な環境を整えることが一番だとわかったのです。

「幸せ」のためには貪欲《どんよく》だけど、難しいことは嫌い。そういう方にピッタリの、究極の〝ゆる風水〟を知っていただきたくてこの本を作りました。気負わず、頑張りすぎず、どうせやらなければいけない家事なら、楽しんでハッピーになっちゃおう！

そんな気持ちでスタートしていただければ十分です。

手に取ってくれた皆さまに、心からの感謝を。そして、ランドリー風水に注目し、一緒に世に出してくださった編集の石井智秋様、ライターの乾夕美様、本当にありがとうございました。すべての人に最高のハッピーが訪れますように！

２０１７年　大吉方位において　北野貴子

著者紹介

北野貴子　風水の知識を活かし、婚活サポート企業IBJで恋愛や開運のアドバイスを行う。“女子の幸せレベル底上げ計画！”をモットーに、仕事に家事に夢に…と頑張る日本の女性がちょっとでもハッピーになることを願って活動している。監修本に『新しいワタシになる女子風水』『１日５分の家事で運がどんどん良くなった！』（リベラル社）など。
今回は、清潔な服を“幸せを呼ぶアイテム”と考え、日々の洗濯で汚れと穢れを落としてキレイを保つ方法を紹介。「洗って干して、たたんで、しまう」というごく普通の家事がそのまま開運につながる、究極の“ゆる風水”を提案する一冊。

邪気《じゃき》を落《お》として幸運《こううん》になるランドリー風水《ふうすい》

2017年11月５日　第１刷

著　　者　北《きた》野《の》貴《たか》子《こ》
発 行 者　小澤源太郎

責任編集　株式会社 プライム涌光
電話　編集部　03(3203)2850

発 行 所　株式会社 青春出版社
東京都新宿区若松町12番１号 〒162-0056
振替番号　00190-7-98602
電話　営業部　03(3207)1916

印　刷　共同印刷　　製　本　フォーネット社

万一、落丁、乱丁がありました節は、お取りかえします。
ISBN978-4-413-23062-9 C0077